bhv PRAXIS

**OpenOffice 4
für Ein- und Umsteiger**

Winfried Seimert

bhv PRAXIS

**OpenOffice 4
für Ein- und Umsteiger**

Bibliografische Information der Deutschen Nationalbibliothek

Die Deutsche Nationalbibliothek verzeichnet diese Publikation in der Deutschen Nationalbibliografie; detaillierte bibliografische Daten sind im Internet über <http://dnb.d-nb.de> abrufbar.

Bei der Herstellung des Werkes haben wir uns zukunftsbewusst für umweltverträgliche und wiederverwertbare Materialien entschieden.

Der Inhalt ist auf elementar chlorfreies Papier gedruckt.

ISBN 978-3-8266-7617-8
1. Auflage 2013

E-Mail: kundenbetreuung@hjr-verlag.de
Telefon: +49 6221 / 489 -555
Telefax: +49 6221 / 489 -410

© 2013 bhv, eine Marke der Verlagsgruppe Hüthig Jehle Rehm GmbH
Heidelberg, München, Landsberg, Frechen, Hamburg

Dieses Werk, einschließlich aller seiner Teile, ist urheberrechtlich geschützt. Jede Verwertung außerhalb der engen Grenzen des Urheberrechtsgesetzes ist ohne Zustimmung des Verlages unzulässig und strafbar. Dies gilt insbesondere für Vervielfältigungen, Übersetzungen, Mikroverfilmungen und die Einspeicherung und Verarbeitung in elektronischen Systemen.

Printed in Germany

Lektorat: Steffen Dralle
Korrektorat: Susanne Creutz
Satz: Petra Kleinwegen

Inhalt

	Einleitung	**9**
	Konzeption des Buches	11
1	**Basiswissen**	**13**
	Vorbereitungsmaßnahmen	14
	OpenOffice installieren	14
	Java-Laufzeitumgebung installieren	19
	OpenOffice-Programm starten	21
	Praktische Tipps	23
	Microsoft-Office-Dateien	24
	Informationen	26
	Extensions	27
	Update	28
2	**Textdokumente gekonnt erstellen**	**31**
	Den Arbeitsbildschirm erkunden	32
	Texteingabe	40
	Rechtschreibfehler korrigieren	45
	Schreibhilfe	48
	Bewegen im Text	50
	Texte bearbeiten	52
	Speichern und schließen	56
	Öffnen und neue Texte anlegen	59
	Drucken	61
	Erstellen von PDFs	63
	Neue Dokumente	64
3	**Textdokumente perfekt gestalten**	**67**
	Formatierungsarbeiten	68
	Zeichenformatierung	68
	Absatzformatierung	73
	Formatierungshilfen	78
	Seitenformatierung	80

Erstellen eines Briefs 83
    Randeinstellungen... 84
    Kopfzeile 85
    Postanschrift des Absenders 90
    Bezugszeichenzeile.. 92
    Betreff... 97
    Anrede.. 98
    Brieftext.. 98
    Unterschriftenblock... 99
Arbeiten mit Vorlagen 100
    Eine Vorlage erstellen 101
    Vorlagen verwalten... 105
Etiketten 107
Visitenkarten... 108
Webseiten... 111

4 Adressen optimal verwalten 113

Datenbanken... 114
Datenbank anlegen 114
Tabellen 118
    Bedeutung von Tabellen 118
    Tabellen erstellen 119
    Datensätze eingeben....................................... 127
    Tabelle schließen und erneut öffnen................... 129
Formulare... 130
    Bedeutung von Formularen 131
    Formulare erstellen 131
    Formulare bearbeiten 137
Berichte 138
Abfragen 140
    Bedeutung von Abfragen.................................. 140
    Abfragen erstellen... 140

5 Büro perfekt: Serienbriefe 143

Serienbriefe 144
Der Serienbrief-Assistent 144
    1. Schritt: Das Ausgangsdokument..................... 145
    2. Schritt: Der Dokumenttyp............................. 147
    3. Schritt: Der Adressblock............................... 148
    4. Schritt: Die persönliche Briefanrede 155

	5. Schritt: Das Layout des Adressblocks	156
	6. Schritt: Das Dokument vorbereiten.................	157
	7. Schritt: Die Dokumente personalisieren	161
	8. Schritt: Der Versand.......................................	161
6	**Kreativ gestalten ....**	**167**
	Draw kennenlernen	168
	Ein Logo erstellen	169
	Ein Organigramm	179
7	**Eindrucksvoll präsentieren ....**	**185**
	Eine Präsentation erstellen	186
	Mit Folien arbeiten..	191
	Die Präsentation am Bildschirm zeigen...............	191
	Die verschiedenen Ansichten	193
	Eine automatische Präsentation anpassen	196
	Weitere Folien erzeugen	199
	Eine Tabellenfolie	200
	Eine Diagrammfolie	202
	Eine Bildfolie	204
	Eine Filmfolie	205
8	**Clever kalkulieren ....**	**207**
	Calc, die Tabellenkalkulation.....................................	208
	Ein Angebot erstellen	209
	Rechnen mit Calc	222
	Einfache Berechnungen mit Pfiff.........................	222
	Ein Diagramm erstellen	228
	Index..	**235**

Einleitung

Das lizenzkostenfreie OpenOffice gilt als eines der besten kostenlosen Büropakete, läuft unter Windows, Linux und Mac OS, enthält alles, was man für die täglichen Büroarbeiten am Computer benötigt, und bietet Privatpersonen und Unternehmen eine Alternative zum kostenpflichtigen Office-Paket von Microsoft. Wird es da nicht Zeit, es einmal auszuprobieren?

Das Buch wurde auf einem Windows-PC erstellt, die gezeigten Schritte können aber analog auf einem Linux- oder Mac-OS-Computer durchgeführt werden.

Abb. E.1: Die Möglichkeiten auf einen Blick

Im Einzelnen können Sie folgende Dokumente erstellen:

⇨ *Textdokument*: Zum Erstellen, Bearbeiten und Aufbereiten von Texten verwenden Sie das Programmmodul *Writer*. In diesem Buch werden die elementaren Textver- und -bearbeitungsschritte vorgestellt und Sie erfahren, wie im Zusammenspiel mit dem Datenbankmodul ein Serienbrief erstellt wird.

⇨ *Tabellendokument*: Das Programmmodul *Calc* stellt alle Funktionen bereit, die eine Tabellenkalkulation benötigt. Die wichtigsten bekommen Sie im Rahmen einer Angebotserstellung und Ausgabenübersicht gezeigt.

⇨ *Präsentation*: Das Präsentationsmodul *Impress* können Sie nutzen, um eigene (Folien-) Präsentationen zu erstellen.

⇨ *Zeichnung*: Das eingebaute Vektorgrafik-Zeichenprogramm *Draw werden Sie* beim Erstellen *eines* einfachen Logos und beim Gestalten eines Organigramms näher kennenlernen.

⇨ *Datenbank*: Das integrierte Datenbankmodul trägt den Namen *Base*. Damit können Sie entweder eine Datenbank neu erstellen oder auf vorhandene Datenbanken zugreifen. Dieses Modul werden Sie beim Einsatz als Kundendatenbank kennenlernen.

⇨ *Formel*: Mit diesem Modul lassen sich mathematische Formeln darstellen (wird aus Platzgründen nicht behandelt).

Der vollständige offizielle Name des Programmpakets lautet *Apache OpenOffice 4.0.0* und steht nunmehr unter der Schirmherrschaft der *Apache Software Foundation*. Dabei handelt es sich um eine ehrenamtlich arbeitende Organisation zur Förderung der Apache-Softwareprojekte, welche aus Entwicklern besteht, die vornehmlich an Open-Source-Softwareprojekten arbeiten.

Das Buch wurde mit dieser Version erstellt, es kann aber auch für alle Versionen mit der Versionsnummer 4.x sinngemäß verwendet werden. Sehr häufig findet man nur die Bezeichnung *OpenOffice*, welche auch in diesem Buch meistens verwendet wird.

Konzeption des Buches

Dieses Buch soll Ihnen den Ein- oder Umstieg in das doch recht umfangreiche Programm erleichtern. Es richtet sich an alle, die sich für eine Alternative zu herkömmlichen Office-Programmen interessieren, die ein kostenloses Programm fürs Büro suchen und die sich zügig und ohne viel Theorie einarbeiten möchten. Anhand eines durchlaufenden Beispiels werden die wichtigsten praxisrelevanten Funktionen und Techniken vermittelt. Sie erfahren alles, was Sie für die tägliche Arbeit mit OpenOffice wissen müssen. Sie sehen zunächst, wie Sie das Programmpaket problemlos auf Ihren Rechner bekommen und wie Sie auf dem neuesten Stand bleiben. Danach erlernen Sie die elementarsten Arbeitstechniken einer Textverarbeitung und sehen, wie man Texte optisch ansprechend gestaltet. Schließlich erfahren Sie, wie man der allgegenwärtigen Datenflut mit dem Datenbankprogramm Herr werden kann. Das Ergebnis dieser Mühen werden Sie anschließend beim Erstellen der oftmals gefürchteten Serienbriefe einsetzen. Wie man beeindruckende Grafiken für alle Module erstellen kann, erfahren Sie im folgenden Kapitel. Danach geht es um das immer wichtiger werdende Thema Präsentieren. Am Ende des Buches lernen Sie, wie Sie Ordnung in Ihre Zahlen bringen und den Taschenrechner in Rente schicken können. Mit diesem Grundwissen gerüstet, sollten Sie nach der Lektüre in der Lage sein, die allermeisten Alltagsprobleme zu meistern, und dafür gerüstet sein, weiter in die Tiefen des Programms vorzudringen.

1 Basiswissen

Ziel

⇨ Sie mit dem Notwendigsten an Wissen zu versorgen

⇨ Ihr neues OpenOffice einzurichten

⇨ Hilfe bei ersten Problemen zu geben

Schritte zum Erfolg

⇨ Installation von OpenOffice

⇨ Einrichten des OpenOffice-Programmpakets

⇨ Weiterführende Tipps

Vorbereitungsmaßnahmen

Bevor Sie loslegen können, muss zunächst OpenOffice auf Ihrem Computer installiert werden. Doch keine Sorge, wenn Sie das bislang noch nie gemacht haben. Der Vorgang ist kinderleicht und in gut zehn Minuten können Sie anfangen.

OpenOffice installieren

Die benötigte Setupdatei können Sie sich über die deutschsprachige Internetpräsenz *http://de.openoffice.org/* herunterladen.

Suchen Sie über den Explorer den entsprechenden Ordner mit der Setupdatei von OpenOffice auf.

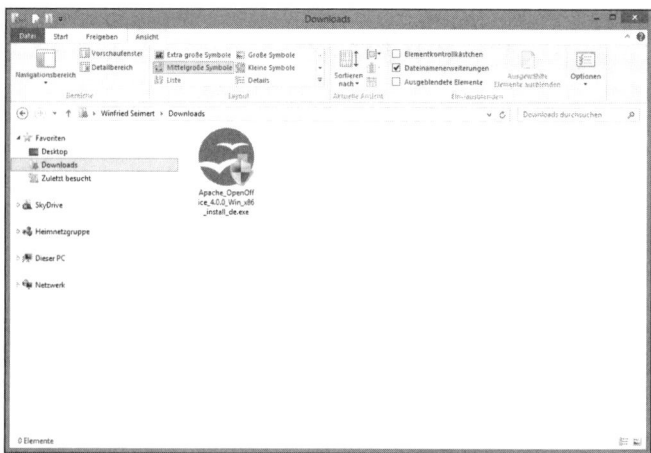

Abb. 1.1: Hierauf gehört ein Doppelklick

Führen Sie einen Doppelklick auf das Programmsymbol aus.

> **TIPP**
>
> Verwenden Sie Windows 7 bzw. 8, erhalten Sie ein Hinweisfenster, dass der Herausgeber verifiziert werden konnte und Sie bestätigen sollen, dass das Programm installiert werden kann.

Nach einer Weile erscheint das Begrüßungsfenster und weist Sie darauf hin, dass die Installationsdateien zunächst entpackt und auf Ihre Festplatte kopiert werden müssen, bevor die eigentliche Installation starten kann.

Abb. 1.2: Das Begrüßungsfenster

Bestätigen Sie mit *Weiter*.

Im folgenden Fenster wählen Sie einen Zielordner für die zu entpackenden Dateien aus oder belassen es einfach bei der Vorgabe.

In beiden Fällen leiten Sie den Vorgang mit einem Klick auf *Entpacken* ein.

Die Dateien werden nun entpackt und der Fortgang wird Ihnen in einem Fenster mithilfe eines Fortschrittbalkens angezeigt.

Nach einer Weile startet dann der eigentliche *Installationsassistent*, was Ihnen in einem Fenster angezeigt wird.

Klicken Sie auf *Weiter*, um in das nächste Fenster zu gelangen. Hier geben Sie Ihren Benutzernamen und gegebenenfalls Ihre Organisation ein. Sie können es aber auch bleiben lassen. Jedoch erspart Ihnen die kleine Tipparbeit hier, dass Sie später ständig Ihren Namen schreiben müssen.

Im folgenden Fenster, das Sie durch einen Klick auf *Weiter* erreichen, müssen Sie entscheiden, ob Sie das Programmpaket vollständig oder angepasst installieren wollen.

Sind Sie unsicher, was Sie nehmen sollen, und/oder haben Sie genug Speicherplatz, wählen Sie ruhig die Variante *Typisch*.

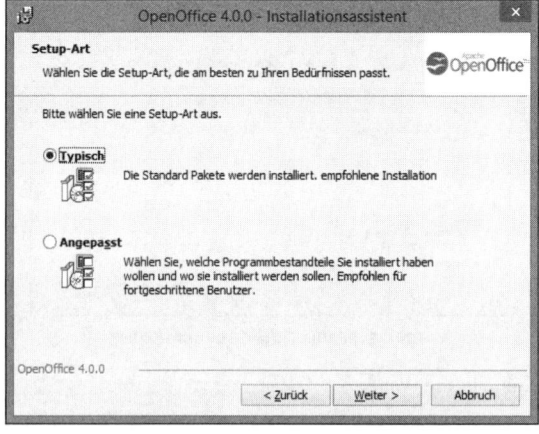

Abb. 1.3: Welche Art bevorzugen Sie?

Möchten Sie dagegen Einfluss auf die installierten Programmteile nehmen, dann entscheiden Sie sich für *Angepasst*.

In diesem Fall erhalten Sie nach einem Klick auf *Weiter* eine Liste mit allen Programmbestandteilen, aus der Sie nun die von Ihnen gewünschten Teile aussuchen können.

Ein weiterer Vorteil dieser Variante ist, dass Sie den Speicherort des Programms bestimmen können. Dazu klicken Sie auf die Schaltfläche *Ändern* und wählen den bevorzugten Installationsordner aus.

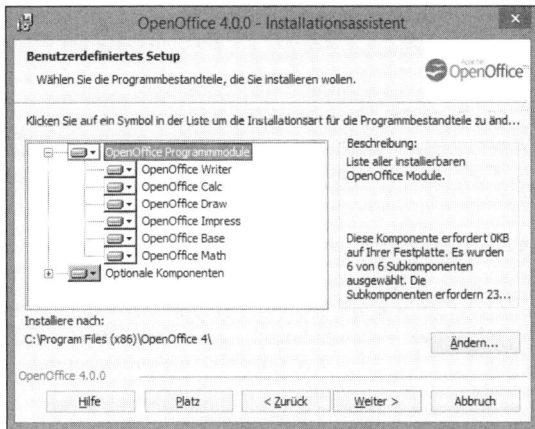

Abb. 1.4: Hier haben Sie die volle Entscheidungsgewalt

Nachdem Sie auf *Weiter* geklickt haben, können Sie noch auswählen, welche Microsoft-Office-Dateitypen standardmäßig mit OpenOffice geöffnet werden sollen.

Abb. 1.5: Wie wollen Sie es mit den Microsoft-Office-Dateien handhaben?

Setzen Sie an den gewünschten Stellen ein Häkchen in die Kontrollkästen.

Jetzt hat OpenOffice alle Informationen, um loszulegen. Mit einem erneuten Klick auf *Weiter* gelangen Sie in das letzte Fenster, das Ihnen die Möglichkeit gibt, noch einmal zu den vorherigen Einstellungsoptionen zurückzukehren. Zudem können Sie an dieser Stelle entscheiden, ob Sie eine Programmverknüpfung auf dem Desktop anlegen wollen.

Sind Sie sich Ihrer Sache sicher, dann startet ein Klick auf *Installieren* den Vorgang, den Sie über einen grünen Fortschrittsbalken schön beobachten können.

Nach einer Weile meldet Ihnen dann der Installationsassistent, dass alles geklappt hat und Sie ihn durch einen Klick auf die Schaltfläche *Beenden* aus seiner Pflicht entlassen sollen.

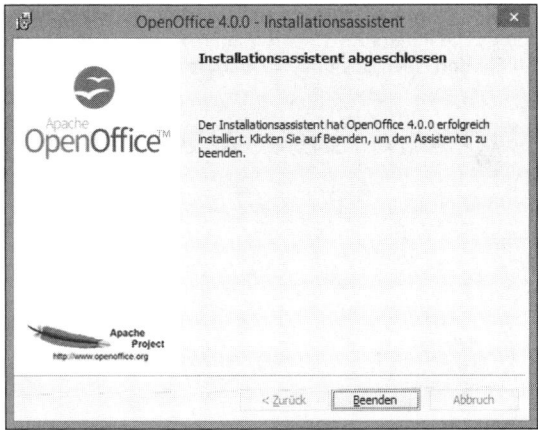

Abb. 1.6: Das war es!

Java-Laufzeitumgebung installieren

Gegebenenfalls sollten Sie an dieser Stelle noch die Java-Laufzeitumgebung (JRE) installieren.

Diese wird zum Ausführen des Datenbankmoduls Base benötigt. Befindet sie sich beim Start des Moduls noch nicht auf Ihrem Rechner, dann erhalten Sie ein Hinweisfenster wie das folgende:

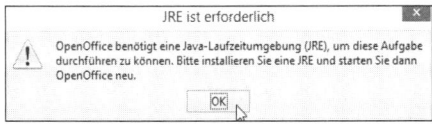

Abb. 1.7: Hier fehlt die Java-Laufzeitumgebung

Vielleicht werden Sie sich jetzt fragen, woher Sie die nehmen sollen?

Möchten Sie die neueste Version haben, dann begeben sich auf die Website des Herstellers Java. Verfügen Sie bereits über eine Version, erhalten Sie dort auch das neueste Update.

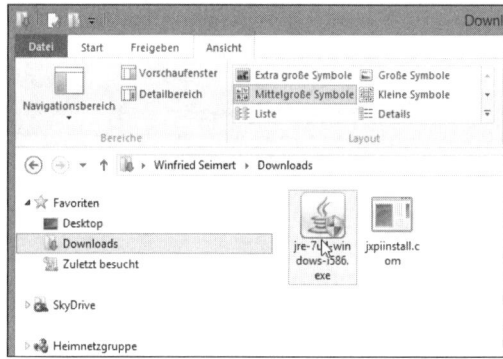

Abb. 1.8: Diese Datei gilt es zu installieren

> **WEB**
>
> Die Website rufen Sie über die URL *http://www.java.com/de/download/* auf.

Hier finden Sie eine Schaltfläche zum Downloaden.

Nachdem Sie die Datei heruntergeladen haben, finden Sie sie anschließend in Ihrem Download-Ordner. Setzen Sie einfach einen Doppelklick darauf, um sie zu installieren.

Danach können Sie problemlos mit OpenOffice.org arbeiten.

Abb. 1.9: Diese Website hilft Ihnen weiter

OpenOffice-Programm starten

Voller Ungeduld werden Sie sicherlich gleich loslegen und OpenOffice einmal ausprobieren wollen. Also los!

Verwenden Sie Windows, klicken Sie zunächst auf die *Start*-Schaltfläche in der Taskleiste, wählen dann den Eintrag *Alle Programme* und klicken anschließend auf den Eintrag *OpenOffice.org 4*. Haben Sie sich für ein Programmsymbol auf dem Desktop entschieden, so müssen Sie lediglich einen Doppelklick darauf ausführen.

Haben Sie schon das neue Windows 8, dann finden Sie auf der *Start*-Seite die entsprechenden Kacheln.

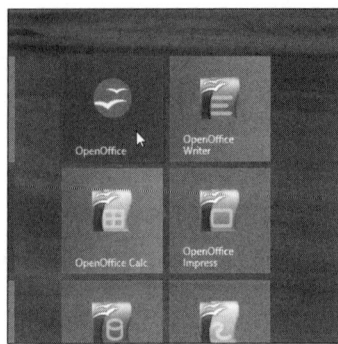

Abb. 1.10: OpenOffice unter Windows 8 starten

Verwenden Sie OpenOffice auf dem Mac, müssen Sie nur einen Doppelklick auf das Programmsymbol *OpenOffice.org* in dem ausgewählten Installationsordner (z. B. dem Ordner *Programme* im Ordner *Festplatte*) ausführen.

Danach erscheint das *Start Center*, welches in Zukunft nach einem Klick auf die Schaltfläche *OpenOffice.org* erscheint.

Es bietet Ihnen Schaltflächen, über die Sie direkt folgende Anwendungen starten können:

➪ *Textdokument*: Textverarbeitung Writer

➪ *Tabellendokument*: Tabellenkalkulation Calc

➪ *Präsentation*: Präsentationsprogramm Impress

➪ *Zeichnung*: Zeichenprogramm Draw

➪ *Datenbank*: Datenbankprogramm Base

➪ *Formel*: Formelprogramm Math

Über die darunterliegenden Schaltflächen kann man Dokumente öffnen (*Öffnen*) oder auf vorhandene Vorlagen (*Vorlagen*) zugreifen. Schließlich finden Sie in der unteren rechten Ecke des Start Centers drei weitere Schaltflächen, mit denen Sie rasch weitere Vorlagen installieren, neue Funktionen hinzufügen oder Online-Informationen einholen können.

Abb. 1.11: Jetzt kann es losgehen

TIPP

Wenn Sie OpenOffice.org nicht über ein Dokument oder die direkte Wahl eines Moduls starten, wird beim Programmaufruf bzw. beim Schließen eines Dokuments das neue Start Center präsentiert.

Jetzt können Sie mit den Arbeiten an den einzelnen Modulen loslegen.

In diesem Sinne, packen wir es also an!

Praktische Tipps

Im Folgenden finden Sie ein paar Tipps, die Ihnen den Umgang mit dem Programm erleichtern.

Basiswissen

Microsoft-Office-Dateien

Sie verfügen (noch) über eine stattliche Zahl von Word-, Excel- und PowerPoint-Dateien? Keine Sorge, die können Sie mit OpenOffice problemlos öffnen, weiterbearbeiten und so abspeichern, dass man sie wieder in Word, Excel oder PowerPoint öffnen kann.

Hierbei gehen Sie folgendermaßen vor:

Zunächst öffnen Sie das betreffende Dokument mit dem entsprechenden OpenOffice-Modul. Dabei achten Sie lediglich darauf, dass im Listenfeld *Dateityp* der Eintrag *Alle Dateien (*.*)* steht. Wenn Sie mögen, können Sie natürlich auch den entsprechenden Microsoft-Office-Dateityp einstellen.

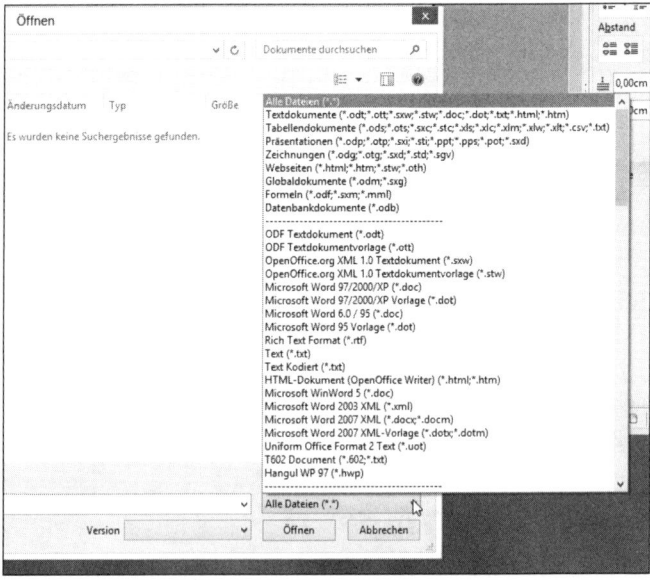

Abb. 1.12: OpenOffice öffnet unter anderem auch Microsoft-Office-Dateien

Möchten Sie ein OpenOffice-Dokument an jemanden weiterreichen, der beispielsweise mit Microsoft Word arbeitet, wählen Sie zum Speichern die Menüfolge *Datei / Speichern unter*.

Im Feld *Dateityp* wählen Sie den gewünschten Dateityp aus.

Abschließend klicken Sie noch auf *Speichern* und nehmen das folgende Hinweisfenster zur Kenntnis.

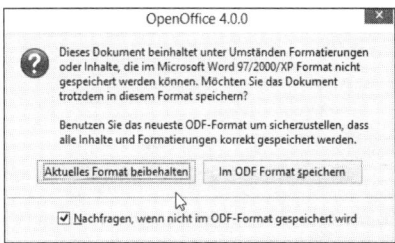

Abb. 1.13: Ein Hinweis, der immer kommt

Dieser Hinweis besagt nichts anderes, als dass Microsoft Word natürlich nichts mit Writer-spezifischen Formatierungen anfangen kann. Im Regelfall werden Sie diese nicht verwenden und können deshalb beherzt auf *Aktuelles Format beibehalten* klicken. Sollten Sie unsicher sein, dann speichern Sie zur Sicherheit das Dokument einmal im OpenOffice-Format ab (Schaltfläche *Im ODF Format speichern*) und probieren es dann einfach aus. Geht es schief, haben Sie noch immer das Original-OpenOffice-Dokument.

Möchten Sie vorhandene Microsoft-Office- oder Staroffice-Dateien für die ständige Bearbeitung in OpenOffice bereitstellen, dann sollten Sie diese umwandeln.

Dieser Vorgang verläuft dialoggesteuert über den *Dokumenten-Konverter*, den Sie über das Menü *Datei / Assistenten* aufrufen können.

Nachdem Sie ihn gestartet haben, wählen Sie nur noch den gewünschten Dokumenttyp aus.

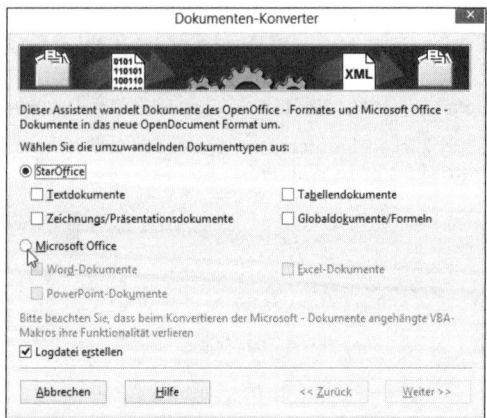

Abb. 1.14: Der Dokumenten-Konverter erleichtert den Umstieg

Ihre Wahl bestätigen Sie mit *Weiter*, um in das nächste Dialogfenster zu gelangen. Hier müssen Sie noch die Speicherorte auswählen und schon kann es losgehen.

Informationen

Sie wünschen weitergehende Informationen über OpenOffice? Dann rufen Sie doch einmal die Internetseite des Programms auf und durchstöbern Sie die vielen Informationen.

Die Seite finden Sie unter der Adresse *http://de.openoffice.org/*.

Besonderes Augenmerk sollten Sie dabei der großen grünen Pfeilschaltfläche widmen. Hier finden Sie den Downloadlink für die neueste Version.

Abb. 1.15: Die Homepage von OpenOffice

Extensions

Wenn Ihnen die von OpenOffice gebotenen Funktionen nicht ausreichen, dann sollten Sie einmal einen Blick in den Extensions-Bereich werfen.

> **WEB**
>
> Das Extensions-Repository finden Sie unter der Internetadresse *http://de.openoffice.org/product/extensions.html*. Zum Zeitpunkt der Drucklegung waren zwar nur Erweiterungen für die Version 3 vorhanden. Ein Test mit zwei Extensions ergab aber, dass diese ebenfalls unter der Version 4 laufen.

Abb. 1.16: Suchen Sie nach interessanten Erweiterungen

Hier stehen Ihnen zahlreiche Erweiterungen zum Download bereit. So können Sie beispielsweise das Programm um vorgefertigte Templates erweitern, mit denen Sie im Handumdrehen professionelle Dokumente erstellen.

Update

Am OpenOffice-Paket wird ständig gearbeitet und ab und an gibt es eine neue Version. Damit Sie diese keinesfalls versäumen, können Sie von jedem Programmmodul aus über den Menüpunkt *Hilfe* die *Suche nach Updates* starten.

War die Suche nach Updates erfolgreich, müssen Sie nur der Aufforderung zur Aktualisierung folgen und schon sind Sie wieder auf dem neuesten Stand.

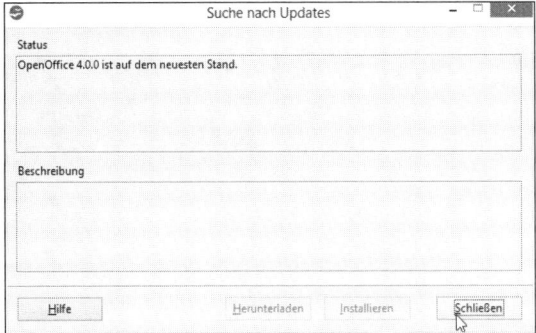

Abb. 1.17: Zurzeit ist alles auf dem neuesten Stand

TIPP

Wenn Sie das nicht wünschen, dann müssen Sie lediglich im Dialogfenster *Optionen*, das Sie durch Aufruf der Menüfolge *Extras / Optionen* erhalten, im Bereich *OpenOffice.org / Online Update* das Kontrollkästchen *Automatisch nach Updates suchen* deaktivieren.

2 Textdokumente gekonnt erstellen

Ziel

⇨ Sie mit dem Textverarbeitungsmodul Writer vertraut zu machen

⇨ Texte einzugeben und zu korrigieren

⇨ Dokumente zu erzeugen, zu speichern, zu öffnen und auszudrucken

⇨ Einfache Texte zu gestalten

Schritte zum Erfolg

⇨ Writer starten und den Arbeitsbildschirm erkunden

⇨ Effiziente Texteingabe

⇨ Texte speichern, schließen und wieder öffnen

⇨ Texte ausdrucken oder als PDF speichern

⇨ Neue Textdokumente anlegen

Nachdem Sie Ihr neues OpenOffice-Paket installiert haben, kann es losgehen.

In diesem Kapitel werden Sie Ihre ersten Schritte mit dem Modul von OpenOffice machen, welches Sie vermutlich am häufigsten einsetzen und das Ihnen den Einstieg am einfachsten macht: mit *Writer*. Mit Writer erstellen Sie die Textdokumente.

Den Arbeitsbildschirm erkunden

Nachdem Sie das Programm gestartet haben, präsentiert sich zunächst der Arbeitsbildschirm. Dieser enthält zum einen alle notwendigen Writer- und Windows-Elemente, die Sie für die Arbeit mit dem Programm benötigen, und zum anderen das sogenannte *Dokumentfenster*, in dem Sie den Text eingeben.

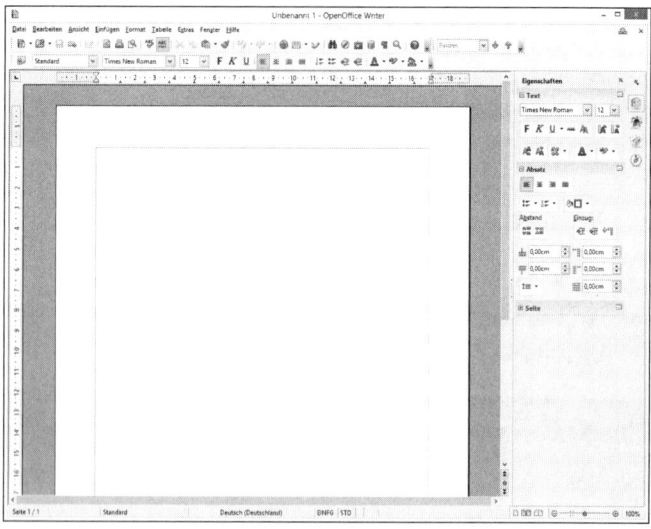

Abb. 2.1: Der Writer-Arbeitsbildschirm

> **TIPP**
>
> Die Abbildung zeigt die sogenannte Druckansicht. Da man mit Writer auch Internetseiten erstellen kann, verfügt das Programm auch über eine entsprechende Ansicht. Über die Menüfolge *Ansicht / Weblayout* bzw. *Ansicht / Druckansicht* können Sie zwischen diesen beiden Ansichten wechseln.

Betrachten Sie den Arbeitsbildschirm zunächst ein wenig näher.

Ganz oben findet sich die *Titelleiste* mit dem Dokumentnamen. Da Sie das Dokument im Moment noch nicht gespeichert haben, lautet er einfach *Unbenannt 1*.

Auf der rechten Seite der Titelleiste finden Sie den Bereich mit dem *Minimier-*, dem *Teilbild-/Vollbild-* und dem *Schließen*-Feld.

Darunter befindet sich ein weiteres *Schließen*-Feld, mit dem Sie das geöffnete (im Moment noch ungespeicherte) Dokument schließen können.

Abb. 2.2: Ein Dokument schließen

> **TIPP**
>
> Schneller geht es, wenn Sie die nicht dokumentierte Tastenkombination [Strg] + [W] verwenden.

Wenn Sie diese Schaltfläche verwenden, wird das Dokument geschlossen, die Sitzung mit Writer dagegen wird nicht beendet.

Unterhalb der Titelleiste befindet sich die *Menüleiste*. Hier sind die verschiedenen Funktionen des Programms hinterlegt. Wenn Sie auf einen Menünamen klicken, öffnet sich ein Untermenü, das die zu dieser Gruppe gehörenden Befehle beinhaltet.

Wenn Sie das Menü einmal näher betrachten, wird Ihnen auffallen, dass die entsprechende Tastenkombination am rechten Rand des Menüs steht.

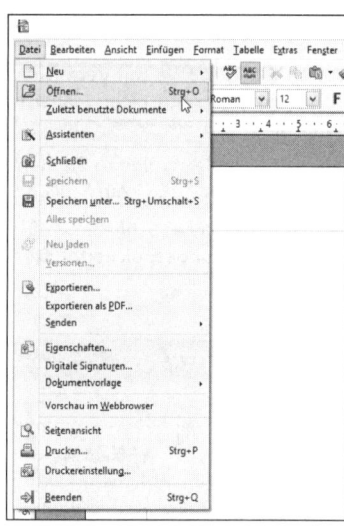

Abb. 2.3: Achten Sie einmal auf die rechte Seite der Menüpunkte

TIPP

Gerade wenn Sie einen bestimmten Befehl häufiger benötigen, ist es hilfreich, sich die Tastenkombination (z. B. Strg + O für das Öffnen) zu merken. Dadurch ersparen Sie sich einige Mausklicks und sind schneller mit der Arbeit fertig.

Unterhalb der Menüleiste befinden sich drei *Symbolleisten*.

Abb. 2.4: Die Symbolleisten

Diese enthalten häufig verwendete Befehle und ermöglichen so einen schnellen Zugang durch einen einfachen Mausklick.

Wenn Sie am Anfang noch unsicher sind, welche Bedeutung ein einzelnes Symbol hat, dann zeigen Sie einfach auf das entsprechende Symbol und warten einen Augenblick. Writer blendet Ihnen dann direkt neben dem Mauszeiger eine kleine Kurzbeschreibung der entsprechenden Funktion ein.

Die obere wird übrigens als *Standard*-, die sich dahinter befindende als *Suchen*- und die untere als *Format*-Symbolleiste bezeichnet.

Wie Sie im Verlauf des Buches noch sehen werden, verfügt Writer über weitere Symbolleisten. Diese blenden Sie über die Menüfolge *Ansicht / Symbolleisten* ein oder auch wieder aus.

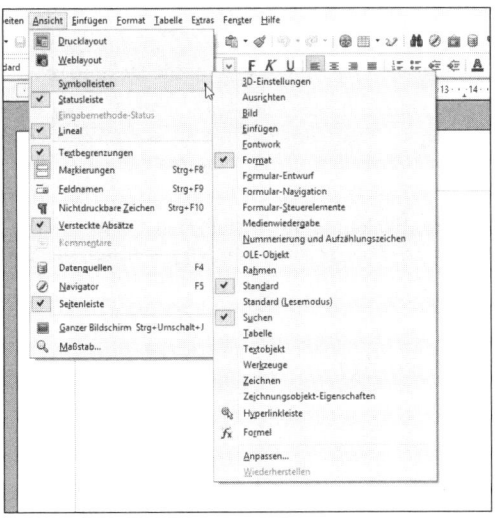

Abb. 2.5: Symbolleisten ein- bzw. ausblenden

Unmittelbar unterhalb der Symbolleisten befindet sich die *Linealleiste*.

Diese zeigt Ihnen standardmäßig den Druckbereich in Zentimeter an, sodass Sie Ihr Dokument zentimetergenau gestalten können. Zudem können Sie – wie Sie noch lernen werden – über das Lineal die Ränder einstellen und Tabulatoren setzen.

Wünschen Sie eine andere Maßeinheit, dann klicken Sie mit der rechten Maustaste auf das Lineal und wählen aus dem Kontextmenü die gewünschte Einheit aus.

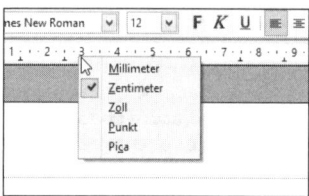

Abb. 2.6: Das Lineal

Eine zentrale Position nimmt das eigentliche Dokument ein.

Seine Ränder werden durch dünne graue Striche, die sogenannten Textbegrenzungen, angezeigt. Falls Sie diese nicht angezeigt bekommen möchten, können Sie sie über die Menüfolge *Ansicht / Textbegrenzungen* ausschalten.

Der senkrechte, blinkende Strich stellt den Cursor dar. Er markiert die Position, an der die Zeichen eingefügt werden, die Sie über die Tastatur eingeben.

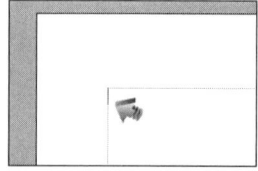

Abb. 2.7: Das Dokument mit der Schreibmarke

Am unteren Rand befindet sich die sogenannte *Statusleiste*. Sie enthält unter anderem Informationen über die gegenwärtige Seitenzahl oder die gewählte Maßstabsstufe.

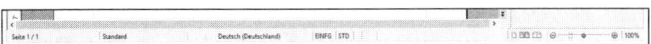

Abb. 2.8: Die Statusleiste enthält wichtige Informationen

Letztere können Sie an dieser Stelle übrigens rasch ändern.

Klicken Sie einmal doppelt auf das Feld *100%*. Dadurch erhalten Sie das Dialogfenster *Maßstab & Ansichtslayout*, in dem Sie die gewünschte Stufe per Option einstellen oder aus der Liste *Stufenlos* wählen können.

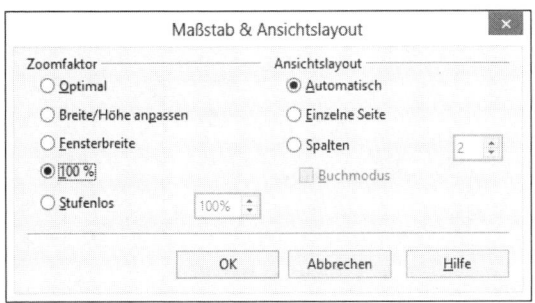

Abb. 2.9: Den Maßstab schnell ändern

Daneben befindet sich ein Regler, über den Sie den Zoom zudem stufenlos ändern können. Klicken Sie auf das Plussymbol, dann wird die Ansicht vergrößert, klicken Sie auf das Minussymbol, verhält es sich umgekehrt. Klicken Sie auf den kleinen Regler dazwischen, können Sie mit der Maus den Zoom intuitiv anpassen.

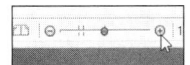

Abb. 2.10: Der Zoomregler

Textdokumente gekonnt erstellen

> **TIPP**
>
> Rascher können Sie die Ansicht mit gedrückter -Taste und dem Mausrad verändern. Wenn Sie in diesem Zustand das Mausrad von sich wegdrehen, wird die Ansicht vergrößert, drehen Sie es zu sich hin, wird sie verkleinert.

Auf der unteren sowie auf der rechten Seite befinden sich schließlich noch die *Bildlaufleisten*, mit denen Sie sich – abhängig von dem gewählten Maßstab – durch das Dokument bewegen können.

Die rechte Bildlaufleiste verfügt über die Besonderheit, dass Sie zum einen mit den beiden Doppelpfeiltasten durch die Seiten blättern und zum anderen mit der runden Schaltfläche *Navigation* ein kleines Fenster aufrufen können, in dem Sie eine Reihe von Objekten direkt aufsuchen können, die sich in Ihrem Dokument befinden.

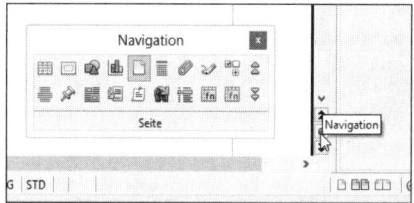

Abb. 2.11: Das Navigationsfenster

Neu in dieser Version ist auf der rechten Seite die sogenannte *Seitenleiste* hinzugekommen, die standardmäßig in der Ansicht *Eigenschaften* angezeigt wird (siehe Abbildung 2.12).

Mit ihrer Hilfe lassen sich Einstellungen schneller vornehmen und mit den angezeigten Hilfswerkzeugen einfacher und schneller starten. Zudem ist sie kontextsensitiv eingestellt. Das bedeutet, dass nur die am häufigsten verwendeten Editierfunktionen bei den jeweiligen Schritten eingeblendet werden oder dass je nachdem, auf welchen Bereich Sie in einem Dokument klicken, sich der Inhalt in der Seitenleiste verändert.

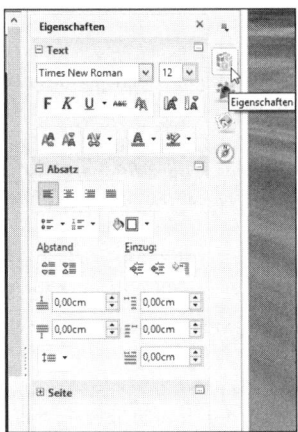

Abb. 2.12: Die neue Seitenleiste

Benötigen Sie doch einmal Optionen, die nicht in der Seitenleiste angezeigt wird, lassen sich diese wie gewohnt über einen Menüpunkt aufrufen. Zudem sind die Menüs in Bereiche gegliedert, die sich über ein Plus- bzw. Minuszeichen ein- und ausklappen lassen.

Die gesamte Seitenleiste lässt sich auch von der eigentlichen Anwendung lösen, um sie zum Beispiel auf einen zweiten Monitor zu verschieben.

Klicken Sie dazu auf die Schaltfläche rechts neben dem *Schließen*-Feld und wählen Sie im Menü den Punkt *Abdocken* aus.

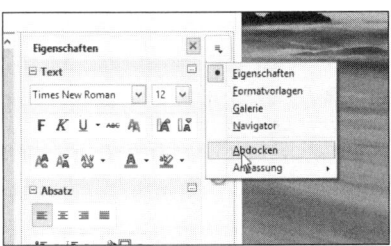

Abb. 2.13: Die Seitenleiste abdocken

Textdokumente gekonnt erstellen

Texteingabe

Sicherlich können Sie es kaum noch erwarten und möchten Ihren ersten Text eingeben. Also los!

Den blinkenden Strich, den Cursor, haben Sie bereits kennengelernt. Er zeigt Ihnen an, dass das Programm bereit ist zur Texteingabe und dass an dieser Position die von Ihnen eingegebenen Zeichen angezeigt werden.

Die Texteingabe erfolgt wie bei der Schreibmaschine über die Tastatur und dabei wandert der Cursor entsprechend mit.

Doch bevor es wirklich losgeht, sollten Sie noch die *Steuerzeichen* einschalten (sofern dies nicht schon der Fall ist).

Das sind die Zeichen, die nicht ausgedruckt werden, aber beim Gestalten und Korrigieren des Textes überaus hilfreich sind. Nur mit ihnen können Sie beispielsweise unterscheiden, ob Sie einen Absatz oder eine Zeilenschaltung vor sich haben oder ob aus Versehen zwei Leerzeichen eingefügt wurden.

Um solche Fehler in Zukunft zu vermeiden, genügt ein kleiner Klick auf das Symbol *Nichtdruckbare Zeichen* (auch Steuerzeichen genannt), welches Sie am Ende der *Standard*-Symbolleiste finden.

Abb. 2.14: Die *Nichtdruckbaren Zeichen* einblenden

Nach dem Klick auf diese Schaltfläche sehen Sie unmittelbar hinter dem Cursor ein neues Zeichen, das wie ein umgedrehtes P oder – wie einmal ein Kursteilnehmer sagte – wie ein Bierkrug aussieht.

Das ist die sogenannte *Absatzendmarke*, die Ihnen das Ende eines Absatzes anzeigt.

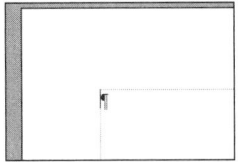

Abb. 2.15: Die nun eingeblendete Absatzendmarke

Nun können Sie mit der Texteingabe beginnen.

Geben Sie folgenden Satz ein: Texte eingeben mit dem OpenOffice.org Writer ist ganz einfach. Schon nach wenigen Minuten

Wie Sie sehen, gelangen Sie mit Eingabe des letzten Wortes fast an die rechte Textmarkierung.

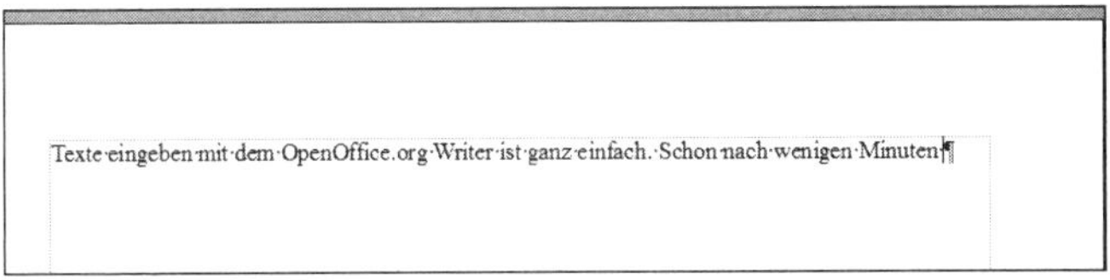

Abb. 2.16: Die rechte Textbegrenzung ist erreicht

Um jetzt weiterzuschreiben, sollten Sie keinesfalls den fatalsten aller Anfängerfehler machen. Säßen Sie an einer Schreibmaschine, würden Sie jetzt die Wagenrücklauftaste betätigen. Gewiss ist die Verlockung nun groß, an dieser Stelle die ⏎-Taste zu drücken, um zum gleichen Ziel zu gelangen.

Schreiben Sie aber vielmehr einfach weiter. Der Zeilenumbruch erfolgt nämlich automatisch durch das Programm. Wenn ein Wort nicht mehr in die Zeile passt, wird es in die nächste Zeile übernommen.

Geben Sie also weiter ein: werden Sie in der Lage sein, einfache Texte zu erstellen.

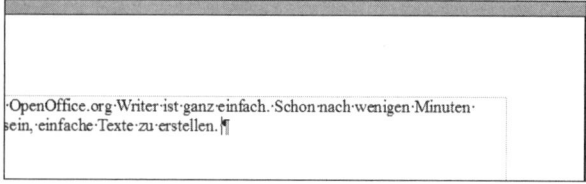

Abb. 2.17: Der Text wird in die nächste Zeile übernommen

Wie Sie eben gesehen haben, werden neue Zeilen automatisch angelegt.

Anders verhält es sich mit einem neuen Absatz. Diesen müssen Sie durch Betätigen der ⏎-Taste erzeugen.

Das sollten Sie an dieser Stelle einmal tun.

Wie Sie sehen, wird eine weitere Absatzendmarke als Zeichen für den neuen Absatz eingefügt.

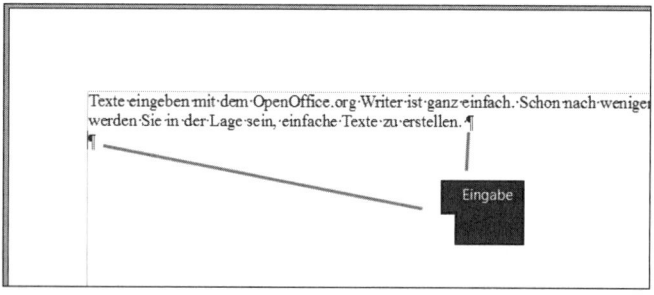

Abb. 2.18: Ein neuer Absatz wurde eingefügt

Möchten Sie nun eine Leerzeile einfügen, dann betätigen Sie abermals die ⏎-Taste, da eine solche innerhalb des Programms als leerer Absatz gilt.

Fügen Sie diese Leerzeile nun ein.

> Texte eingeben mit dem OpenOffice.org Writer ist ganz ein
> werden Sie in der Lage sein, einfache Texte zu erstellen. ¶
> ¶
> ¶

Abb. 2.19: Ein leerer Absatz gilt als Leerzeile

Geben Sie nun den folgenden Text ein: `Mit dem OpenOffice-Paket können Sie folgende Dokumente erstellen:`

Nach dem Doppelpunkt soll der Text umbrechen und in der nächsten Zeile weiterlaufen. In diesem Fall stehen Sie vor einem kleinen Problem: Würden Sie durch Betätigen der ⏎-Taste einen neuen Absatz einfügen, wäre der Satz auf zwei Absätze verteilt.

In einem solchen Fall hilft nur eine Zeilenschaltung weiter. Die fügen Sie an dieser Stelle durch Betätigen von ⇧ + ⏎ ein.

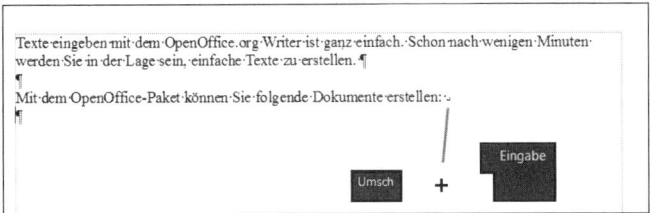

Abb. 2.20: Eine Zeilenschaltung innerhalb eines Absatzes

Writer fügt ein neues Zeichen (das die Zeilenschaltung symbolisiert und ebenfalls ein Steuerzeichen ist) ein und bricht den Absatz in die nächste Zeile um.

Nun geben Sie den in der Abbildung ersichtlichen weiteren Text ein.

> Texte eingeben mit dem OpenOffice.org Writer ist ganz einfach. Schon nach wenigen Minuten
> werden Sie in der Lage sein, einfache Texte zu erstellen. ¶
> ¶
> Mit dem OpenOffice-Paket können Sie folgende Dokumente erstellen: ↵
> Textdokumente, Tabellendokumente, Präsentationen, Zeichnungen und Datenbanken.¶

Abb. 2.21: Und weiter geht es!

Textdokumente gekonnt erstellen

Auf diese Art und Weise können Sie nun die gesamte Seite mit Text füllen. Irgendwann wird jedoch der Zeitpunkt kommen, an dem Ihre Seite zu Ende ist.

Wenn Sie keine Lust dazu haben, die ganze Seite vollzuschreiben, können Sie einen sogenannten *Blindtext* einsetzen.

Schreiben Sie die Buchstabenfolge bt und drücken Sie dann auf F3.

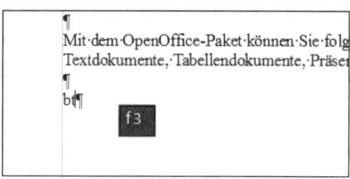

Abb. 2.22: Was gibt das wohl?

Wie Sie sehen, wird ein kleiner Text eingefügt, der genau die Funktion erfüllt.

Führen Sie diesen Schritt noch zwei weitere Male durch. Dadurch sollten Sie auf die zweite Seite gelangen.

Säßen Sie an einer alten Schreibmaschine, hätten Sie mittlerweile das Blatt heraus- und ein neues eingezogen.

Wie Sie sehen, ist das hier aber nicht nötig, denn das Programm erkennt automatisch, wann eine Seite gefüllt ist, und legt einfach eine weitere Seite an.

> **TIPP**
>
> Möchten Sie nicht bis ans Seitenende mit dem Einfügen einer neuen Seite warten, können Sie den Umbruch ganz schnell über Betätigen der Tastenkombination + herbeiführen. Writer fügt dann den weiteren Text auf einer neuen Seite ein.

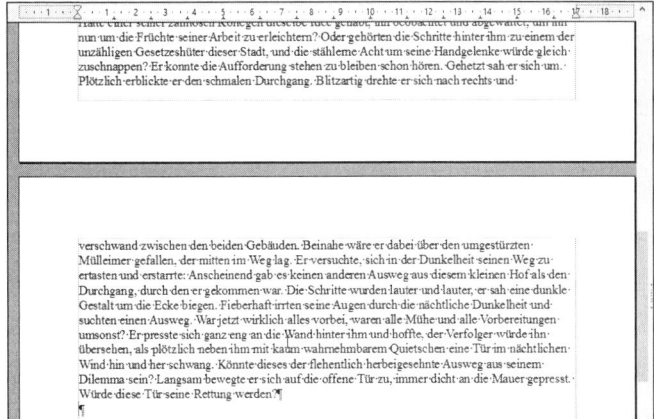

Abb. 2.23: Writer fügt einfach eine weitere Seite an

Rechtschreibfehler korrigieren

Fügen Sie zwei weitere Absätze ein und schreiben Sie – auch wenn es Ihnen schwerfällt – den folgenden Text: Fähler kann man gans leicht korrigieren!

Bestimmt sehen Sie gleich zwei rote Wellenlinien unter dem Text.

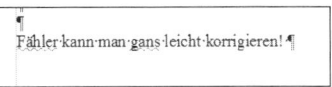

Abb. 2.24: Deutlich zu sehen: zwei rote Wellenlinien

Diese wollen wir gleich einmal erkunden. Wie Sie sicherlich schon vermutet haben, handelt es sich um Rechtschreibfehler bzw. werden die Wörter von dem Programm dafür gehalten.

Genauer gesagt hat die automatische Rechtschreibprüfung angeschlagen. Diese dient in erster Linie als Instrument für die sofortige

Überprüfung der Texte während der Eingabe und kennzeichnet alle Fehler mit einer roten Wellenlinie.

Standardmäßig ist die Rechtschreibprüfung eingeschaltet, wie man an dem entsprechenden Symbol in der *Standard*-Symbolleiste erkennen kann.

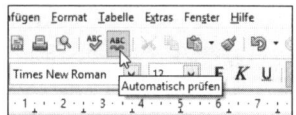

Abb. 2.25: Die automatische Rechtschreibprüfung ist aktiviert

Einen solchen Lapsus können Sie im Regelfall rasch korrigieren. Dazu klicken Sie einfach mit der rechten Maustaste in das unterstrichene Wort.

Im oberen Bereich des folgenden Kontextmenüs werden Ihnen – sofern das Programm in seiner Datenbank welche finden konnte – Korrekturvorschläge eingeblendet.

Diese können Sie durch einfaches Auswählen übernehmen.

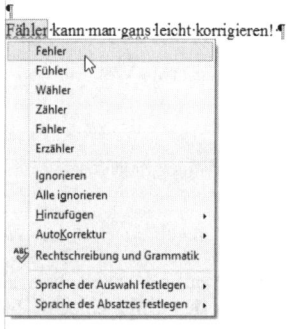

Abb. 2.26: Einen Fehler korrigieren

Ist das Wort unbekannt, aber richtig geschrieben, und Sie möchten es im weiteren Verlauf unbeanstandet einsetzen, dann wählen Sie den Menüpunkt *Hinzufügen* und anschließend das Wörterbuch, in dem es gelistet werden soll. Am Anfang genügt das Wörterbuch *standard. dic*.

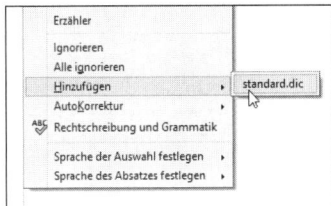

Abb. 2.27: Ein Wort der Rechtschreibprüfung hinzufügen

Mithilfe des Menüpunktes *Alle ignorieren* können Sie erreichen, dass das bemängelte Wort im gesamten Dokument nicht mehr markiert wird. Wählen Sie dagegen den Menüpunkt *Ignorieren*, dann wird es nur an der betreffenden Stelle nicht mehr bemängelt.

> **TIPP**
>
> Stört Sie die automatische Rechtschreibprüfung, können Sie diese durch Anklicken des Symbols *Automatisch prüfen* (auf der *Standard*-Symbolleiste) ausschalten.

Handelt es sich um einen beliebten Tippfehler, dann wählen Sie *AutoKorrektur* und den entsprechenden Vorschlag.

Damit lassen sich häufig vorkommende Fehler oder Zeichendreher beim Tippen automatisch beseitigen.

Tippen Sie in Zukunft das Wort wieder falsch, korrigiert Writer den Fehler automatisch und Sie werden oft gar nicht merken, dass sie ihn gemacht hatten.

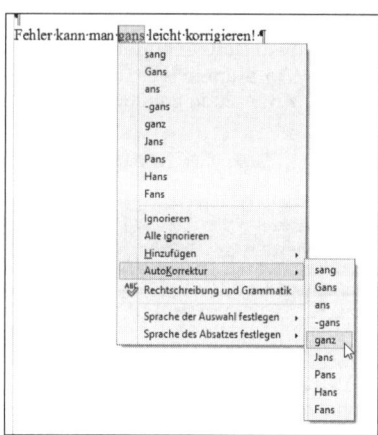

Abb. 2.28: Einen Fehler in Zukunft automatisch korrigieren

Schreibhilfe

Bestimmt ist Ihnen schon aufgefallen, dass Writer Ihnen manche Wörter beim Schreiben schon vorgibt.

Schreiben Sie beispielsweise den Satz aus dem vorherigen Abschnitt noch einmal, genügen bei dem Wort *korrigieren* die ersten drei Buchstaben und Writer ergänzt das Wort.

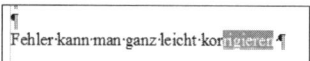

Abb. 2.29: Die automatische Vervollständigung hat angeschlagen

Es handelt sich hierbei um die sogenannte *Automatische Vervollständigung*, die Ihnen standardmäßig bei einer Wortlänge von zehn Buchstaben automatisch das entsprechende Wort vorschlägt.

Um einen solchen Eintrag zu übernehmen, müssen Sie lediglich die ⏎-Taste betätigen und schon steht das Wort da.

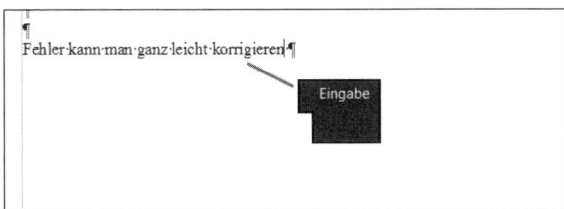

Abb. 2.30: Vorschläge einfach mit ⏎ übernehmen

Stört Sie diese automatische Hilfe oder möchten Sie die Wortlänge ändern, dann rufen Sie die Menüfolge *Extras / AutoKorrektur-Einstellungen* auf und wählen dort die Registerkarte *Wortergänzung*.

Im folgenden Dialogfenster können Sie beispielsweise die Wortergänzung (de-) aktivieren, Einträge löschen oder die Mindestwortlänge verändern.

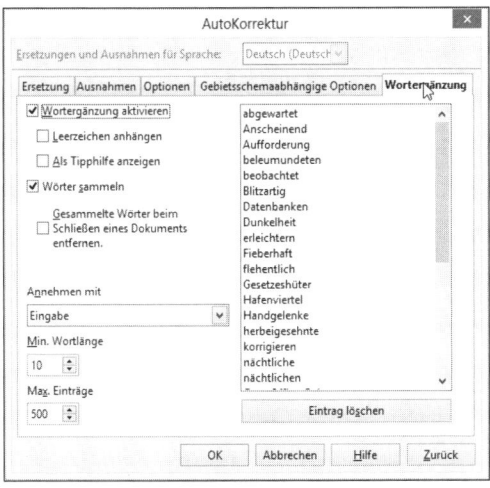

Abb. 2.31: Die Optionen für die Wortergänzung

Bewegen im Text

Wie Sie gesehen haben, wandert der Cursor bei der Texteingabe mit. Sie können ihn aber auch an jeder beliebigen Stelle im Text platzieren. Das ist beispielsweise dann notwendig, wenn Sie einen entdeckten Fehler nachträglich korrigieren oder ein vergessenes Wort eingeben möchten.

Haben Sie die Maus zur Hand, klicken Sie einfach an die gewünschte Stelle und stellen dadurch den Cursor dort ab.

Sind Sie noch bei der Texteingabe, ist die Steuerung mit der Tastatur meist schneller und effizienter.

Die Schreibmarke bewegen Sie mithilfe der Cursortasten in die gewünschte Richtung. Jedes Tippen auf eine dieser Tasten bewegt den Cursor um ein Zeichen bzw. um eine Zeile in die entsprechende Richtung.

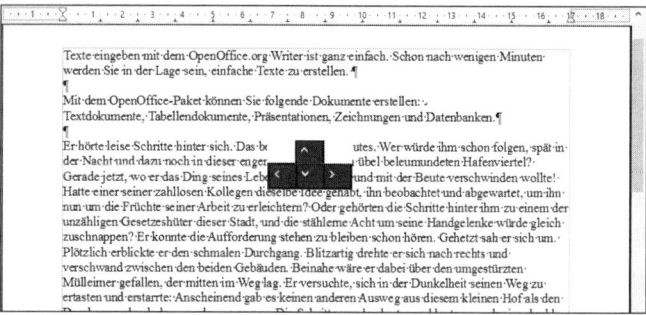

Abb. 2.32: Mit den Cursortasten bewegen Sie die Schreibmarke

Möchten Sie beispielsweise an den Zeilenanfang gelangen, dann betätigen Sie einfach die Taste [Pos1]. Die Taste [Entf] bringt Sie dagegen ans Zeilenende.

Betätigen Sie diese beiden Tasten zusammen mit der [Strg]-Taste, gelangen Sie an den Textanfang bzw. ans Textende. So lassen sich größere Abschnitte wesentlich schneller als über die Bildlaufleisten zurücklegen.

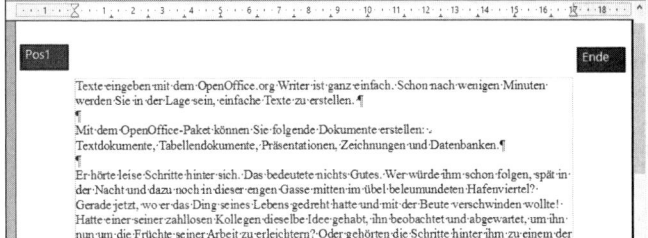

Abb. 2.33: Die Tasten für den Zeilenanfang bzw. das Zeilenende

Eine einzelne Bildschirmseite blättern Sie mit der Taste [Bild↑] aufwärts und mit der Taste [Bild↓] abwärts.

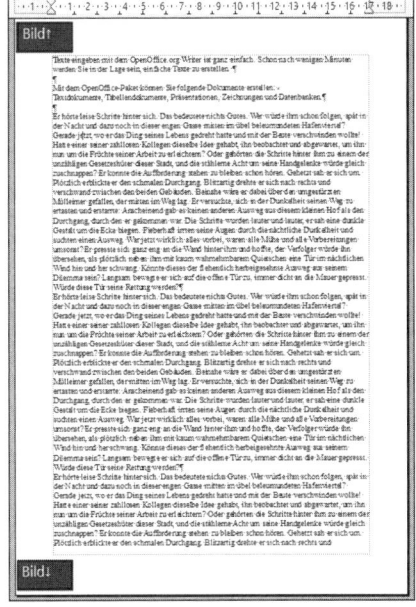

Abb. 2.34: Eine Bildschirmseite auf- oder abwärtsblättern

Textdokumente gekonnt erstellen

Texte bearbeiten

Nicht immer werden sich alle Probleme mit der Rechtschreibprüfung beheben lassen und Sie werden Fehler selbst korrigieren wollen.

Mit einer Textverarbeitung wie Writer ist das selbstverständlich kein Problem.

Markieren

Bevor Sie einen Text beispielsweise korrigieren oder löschen können, muss dieser markiert, also für die Bearbeitung ausgewählt, sein.

Hierbei kommt das zweite Eingabeinstrument, die Maus, zum Einsatz.

Möchten Sie beispielsweise ein Wort markieren, dann klicken Sie einfach doppelt in dieses hinein.

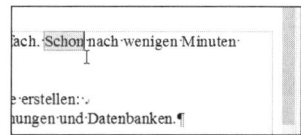

Abb. 2.35: Ein markiertes Wort

Wie Sie sehen, werden markierte Textteile invers dargestellt.

> **TIPP**
>
> Möchten Sie eine solche Markierung aufheben, genügt es, wenn Sie eine beliebige Cursortaste betätigen oder mit der Maus an eine andere Stelle des Textes klicken.

Möchten Sie eine längere Passage markieren, dann zeigen Sie mit der Maus an ihren Anfang und ziehen die Maus bei gedrückter linker Maustaste an das Ende des Textteils (siehe Abbildung 2.36).

Bei längeren Passagen klicken Sie am besten an den Anfang, drücken dann die -Taste und setzen einen weiteren Klick an das Ende der Stelle (siehe Abbildung 2.37).

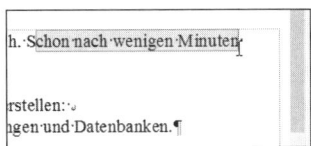

Abb. 2.36: Eine längere Passage markieren

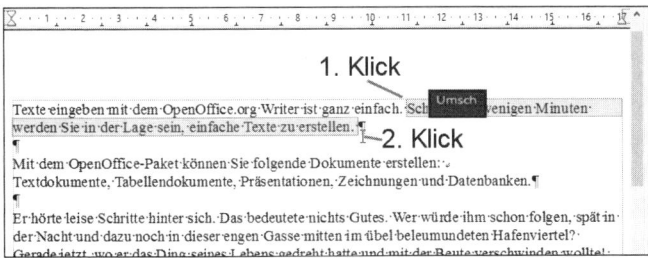

Abb. 2.37: Noch längere Passagen mithilfe der ⇧-Taste markieren

Korrigieren

Tippfehler, die von der Rechtschreibprüfung nicht erkannt werden, oder Bestandteile, die Sie verändern möchten, lassen sich von einem Textverarbeitungsprogramm wie Writer problemlos korrigieren.

Fehler, die Sie während der Texteingabe erkennen, können sofort mit der sogenannten Korrekturtaste (⌫), die Sie über der ⏎-Taste finden, gelöscht werden.

Wenn Sie sie betätigen, wird das Zeichen links vom Cursor gelöscht.

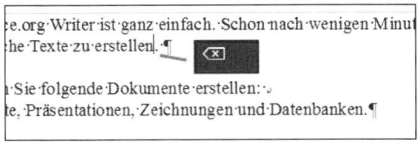

Abb. 2.38: Löscht das Zeichen links vom Cursor

Textdokumente gekonnt erstellen

> **TIPP**
>
> Möchten Sie das gesamte Wort links vom Cursor löschen, müssen Sie die -Taste gedrückt halten, bevor Sie die ⌫-Taste betätigen.

Möchten Sie dagegen das Zeichen rechts vom Cursor löschen, betätigen Sie die [Entf]-Taste.

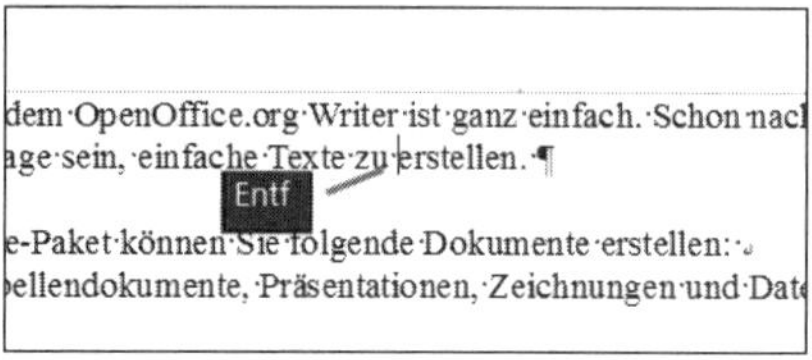

Abb. 2.39: Das Zeichen rechts vom Cursor löschen

> **TIPP**
>
> Das gesamte Wort löschen Sie auch hier durch Drücken der -Taste.

Löschen

Möchten Sie eine Textpassage löschen, dann müssen Sie diese zuvor markieren, bevor Sie die [Entf]-Taste betätigen.

Kommentare

Möchten Sie eine bestimmte Passage erst später bearbeiten, dann sollten Sie diese mithilfe eines sogenannten *Kommentars* markieren.

Rufen Sie dazu an der betreffenden Stelle die Menüreihenfolge *Einfügen / Kommentar* auf oder verwenden Sie die Tastenkombination [Strg] + [Alt] + [C].

Am Seitenrand erscheint nun ein kleiner gelber Bereich, in dem Sie Ihre Notiz eingeben können.

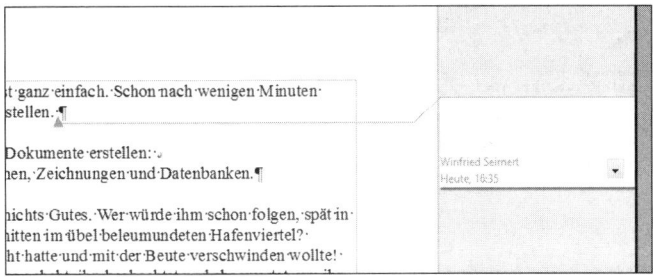

Abb. 2.40: Nichts vergessen dank Notizen

Am unteren Rand wird Ihr Name angezeigt, sofern Sie diesen bei der Installation angegeben hatten. Zudem wird der Zeitpunkt der Eingabe festgehalten.

> **TIPP**
>
> Haben Sie Ihren Namen nicht eingegeben, so ist das eine schöne Gelegenheit, das gleich nachzuholen. Rufen Sie dazu die Menüfolge *Extras / Optionen* auf. Im folgenden Dialogfenster wählen Sie die Kategorie *Benutzerdaten* und nehmen die entsprechenden Eingaben vor.

Soll die Notiz gelöscht werden, dann klicken Sie auf das Symbol mit dem nach unten weisenden Pfeil und wählen die gewünschte Option aus.

Möchten Sie zu einem späteren Zeitpunkt eine solche Notiz wieder aufrufen, dann klicken Sie in der *Seitenleiste* auf die Schaltfläche *Navigator* und markieren unter der Kategorie *Kommentare* die gewünschte Notiz.

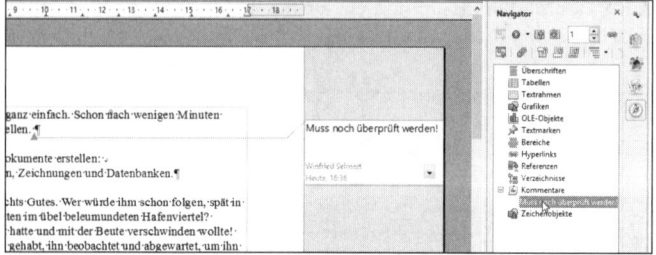

Abb. 2.41: Eine Notiz wieder aufrufen

Speichern und schließen

Allmählich wird es Zeit, das Dokument für die Ewigkeit auf Ihrer Festplatte zu speichern. Dabei wird es in eine bestimmte Datei auf Ihrer Festplatte geschrieben, auf die Sie jederzeit wieder zugreifen und so das Dokument weiterbearbeiten können.

Beim ersten Abspeichern rufen Sie den Menüpunkt *Datei / Speichern* auf. Ist Ihnen das zu mühsam, dann klicken Sie in der *Standard*-Symbolleiste auf die Schaltfläche *Speichern*.

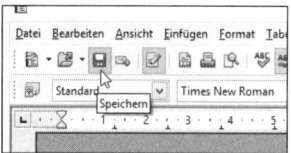

Abb. 2.42: Viele Wege führen zum Speichern

TIPP

Da das Speichern ein Vorgang ist, den Sie oft wiederholen, sollten Sie überlegen, ob Sie sich nicht die Tastenkombination [Strg] + [S] einprägen.

In allen Fällen erhalten Sie das Dialogfenster *Speichern unter*.

In diesem Fenster stellen Sie zunächst im Feld *Speichern in* den Speicherort ein. OpenOffice verwendet standardmäßig in Windows 7 bzw. Windows 8 den Ordner *Dokumente*, den wir hier auch nutzen wollen.

Über das Symbol *Neuer Ordner* sollten Sie sich zunächst einen eigenen Ordner für Ihre Writer-Dateien erstellen.

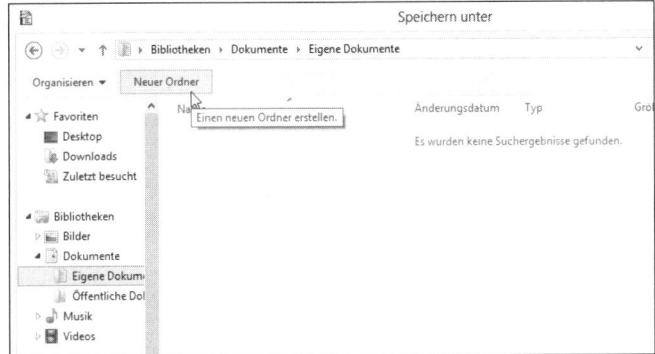

Abb. 2.43: Das Dialogfenster *Speichern unter*

Klicken Sie auf das Symbol und überschreiben Sie den Vorgabenamen mit Writer.

Ein Doppelklick auf das Ordnersymbol bringt Sie dann in denselben.

Als Nächstes widmen Sie Ihre Aufmerksamkeit dem *Dateityp*. Writer verwendet automatisch die Dateiendung *.odt, wenn Sie es bei der Aktivierung des Kontrollkästchens *Automatische Dateinamenserweiterung* belassen. Das sollten Sie auch tun, denn so können Sie die Dateien leichter unterscheiden.

Im Feld *Dateiname* tragen Sie schließlich den gewünschten Dateinamen, in unserem Beispielfall etwa Textdokumente gekonnt gestalten, ein. Die Dateiendung müssen Sie allerdings nicht eingeben, dann das erledigt Writer über die Einstellungen im Feld *Dateityp* automatisch.

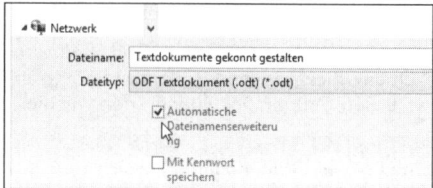

Abb. 2.44: Achten Sie auf den Dateityp

> **TIPP**
>
> Sie können sich bei Windows einen Dateinamen mit einer Länge von bis zu 255 Zeichen einfallen lassen, der allerdings nicht die folgenden Sonderzeichen enthalten darf: /, *, ", :, ;, |, \, < und >.

Bestätigen Sie nun mit *Speichern* und Ihr Dokument wird in der besagten Datei abgelegt.

Wie Sie sehen, wird das Dokument nicht geschlossen, sondern Sie können gleich zur weiteren Bearbeitung schreiten.

In diesem Fall sollten Sie bedenken, dass nur die bis dahin gespeicherten Texte gesichert sind. Alles Weitere, was Sie ab jetzt schreiben, befindet sich im Arbeitsspeicher und muss noch auf die Festplatte gebracht werden.

Das ist jedoch ganz einfach. Sie rufen den Speicherbefehl einfach noch einmal durch eine der von Ihnen bevorzugten Methoden (Menü, Symbol oder Tastenkombination) auf und schon können Sie beruhigt weiterarbeiten.

> **TIPP**
>
> Den Speicherbefehl sollten Sie während Ihrer Arbeit immer wieder einmal aufrufen. Schnell fällt mal der Strom aus oder es passiert ein Malheur mit dem Programm und schon sind Sie um die Früchte Ihrer Arbeit gebracht.

Möchten Sie die Arbeit an dem Dokument beenden (und ein weiteres in Angriff nehmen), dann schließen Sie das Dokument.

Hierzu können Sie auf das *Schließen*-Feld klicken, welches Sie schon im ersten Abschnitt dieses Kapitels kennengelernt haben. Alternativ können Sie aber auch den Menüpunkt *Datei / Schließen* aufrufen oder Sie betätigen die Tastenkombination [Strg] + [W].

Sollten Sie seit dem letzten Speichervorgang noch eine Bearbeitung vorgenommen haben, so macht das Programm Sie darauf aufmerksam und fragt, ob Sie diese ebenfalls speichern möchten.

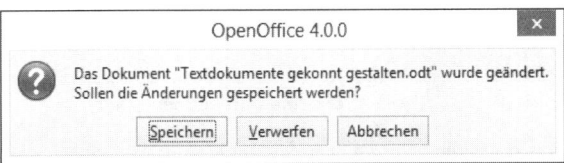

Abb. 2.45: Möchten Sie die Änderung speichern?

Wenn Sie das möchten, klicken Sie auf *Speichern*, andernfalls auf *Verwerfen*.

Öffnen und neue Texte anlegen

Wenn Sie ein Dokument gespeichert und geschlossen haben, stehen Ihnen unterschiedliche Wege zur Auswahl, wie Sie dieses wieder öffnen können.

Der einfachste Weg ist das Öffnen des zuletzt benutzten Dokuments. Hierzu müssen Sie im *Start Center* lediglich den Menüpunkt *Datei* anwählen, dort auf den Eintrag *Zuletzt benutzte Dokumente* klicken und aus der (mehr oder minder umfangreichen) Liste die gewünschte Datei mit einem weiteren Mausklick auswählen.

Befindet sich das Dokument nicht in der Liste, dann wählen Sie den Menüpunkt *Öffnen* des Menüs *Datei*, klicken auf die Schaltfläche *Öffnen* oder betätigen die Tastenkombination [Strg] + [O].

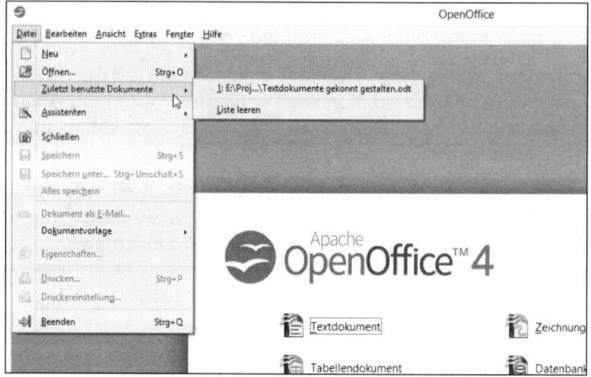

Abb. 2.46: Eine Datei öffnen

In allen drei Fällen öffnet sich das Dialogfenster *Öffnen*, das vom Aufbau dem oben vorgestellten Dialogfenster *Speichern unter* entspricht.

Befinden Sie sich nicht im Speicherort, müssen Sie diesen über das Listenfeld *Speichern in* auswählen.

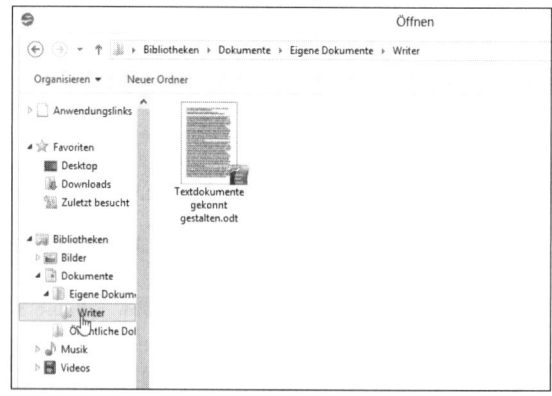

Abb. 2.47: Stellen Sie den Speicherort ein

Drucken

Nicht immer werden Ihre Dokumente auf dem Computer bleiben, sondern müssen zu Papier gebracht, also ausgedruckt werden.

Am schnellsten starten Sie den Druckvorgang durch Anklicken der Schaltfläche *Drucken*, die Sie in der *Standard*-Symbolleiste finden.

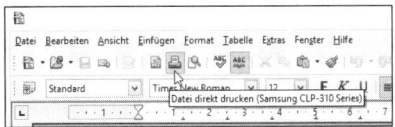

Abb. 2.48: Das Dokument direkt ausdrucken

Nachteilig ist dabei allerdings, dass Sie keinen Einfluss auf den Druckvorgang nehmen können und das Dokument sofort und gegebenenfalls auf dem falschen Drucker ausgedruckt wird.

Möchten Sie die Einstellungen für den Druck ändern, dann wählen Sie die Menüreihenfolge *Datei / Drucken*.

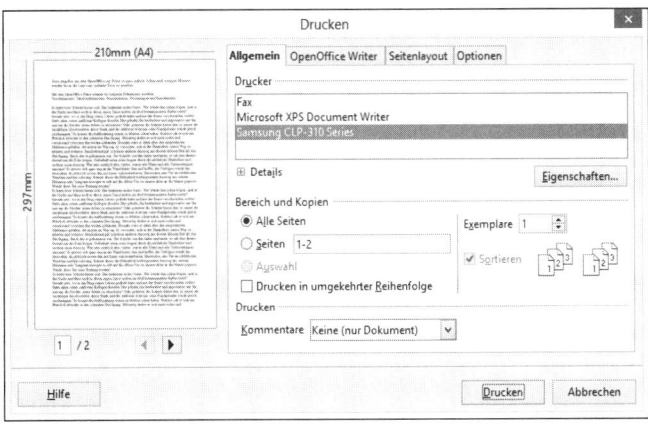

Abb. 2.49: Das Dialogfenster *Drucken*

Textdokumente gekonnt erstellen

Dadurch erhalten Sie das gleichnamige Dialogfenster, in dem Sie beispielsweise einen anderen Drucker oder die Anzahl der Kopien festlegen können.

Darüber hinaus können Sie im Rahmen *Bereich und Kopien* festlegen, was alles gedruckt werden soll. Standardmäßig ist die Option *Alle Seiten* aktiviert. Es stehen Ihnen aber auch die Option *Seiten*, bei der Sie die Seitenzahl(en) der bestimmten Seite(n) eingeben, und die Option *Auswahl* für einen markierten Textbereich zur Verfügung.

Über die Registerkarte *OpenOffice Writer* können Sie eine Reihe an weiteren Einstellungen vornehmen. So können Sie beispielsweise festlegen, welche *Inhalte* Sie drucken möchten und ob bei einem Farbdrucker der Text in schwarzer Farbe ausgegeben werden soll.

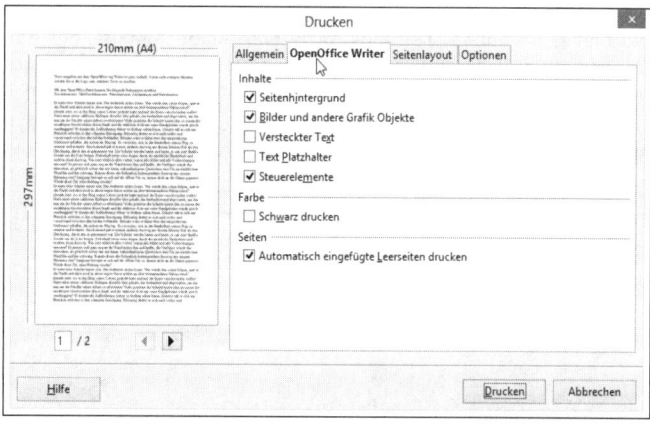

Abb. 2.50: Den Druckvorgang weiter gestalten

Nachdem Sie Ihre Wahl getroffen haben, verlassen Sie dieses Dialogfenster mit *Drucken*. Mit einem weiteren Klick auf *Drucken* im Dialogfenster *Drucken* startet dann der Druckvorgang gemäß Ihren Angaben.

Erstellen von PDFs

Jeder, der schon einmal ein EDV-Dokument an einen anderen weitergeben wollte, kennt vermutlich das Problem, dass der Empfänger es nicht öffnen konnte. Hier können PDF-Dateien weiterhelfen.

Die Abkürzung *PDF* steht für *Portable Document Format*, welches immer größere Verbreitung findet. Das ist auch kein Wunder, denn die in diesem Format veröffentlichten Dokumente enthalten alle Informationen zu Schriftarten, Grafiken und Druck in hoher Auflösung und benötigen zur Darstellung lediglich das kostenlose Programm *Adobe Reader*.

Mithilfe von Writer können Sie dieses Format selbst herstellen.

Dazu müssen Sie lediglich die Menüfolge *Datei / Exportieren als PDF* oder die Schaltfläche *Direktes Exportieren als PDF* anklicken, wodurch Sie das Dialogfenster *Exportieren* erhalten.

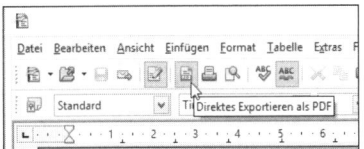

Abb. 2.51: Ein PDF erstellen

Darin legen Sie den Speicherort fest und vergeben einen entsprechenden Dateinamen.

Klicken Sie auf *Speichern*, um den Exportvorgang einzuleiten.

Sie erhalten das Dialogfenster *PDF Optionen*.

Wie der Name sagt, können Sie die Einzelheiten des Exports festlegen. Keine Angst, am Anfang brauchen Sie keine Einstellungen zu verändern, sondern es genügt, die Schaltfläche *Exportieren* zu drücken, um eine PDF-Datei von Ihrem Dokument zu erhalten.

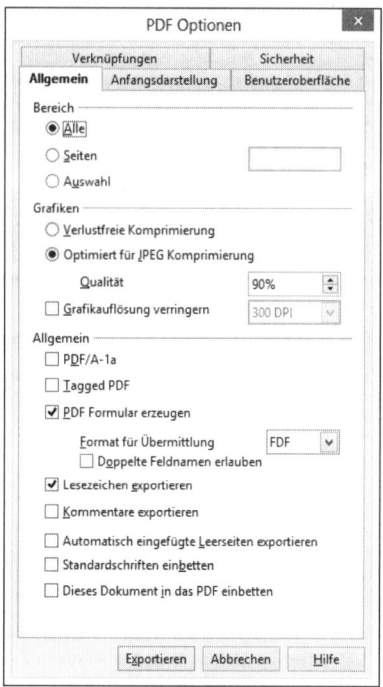

Abb. 2.52: Die Einstellungen für den PDF-Export

Neue Dokumente

Wenn Sie gleich weitermachen wollen, benötigen Sie ein neues Dokument. Wenn Sie das aktive Dokument schließen, landen Sie im *Start Center* und können von dort ein neues Textdokument anlegen.

Möchten innerhalb von Writer ein neues Dokument anlegen, genügt ein Klick auf den Menüpunkt *Textdokument* (nach Wahl der Menüfolge *Datei / Neu*).

> **TIPP**
>
> Schneller geht der Aufruf eines neuen Writer-Dokuments durch Betätigen von [Strg] + [N].

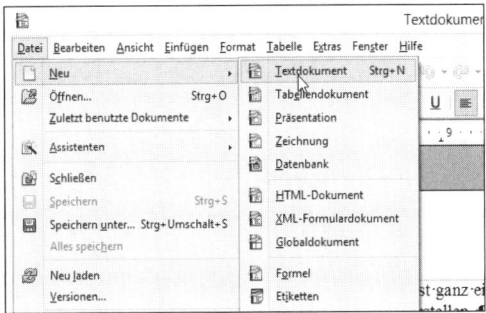

Abb. 2.53: Ein neues Dokument anlegen

Writer erzeugt ein neues – noch ungesichertes – Dokument und Sie können gleich mit dem Arbeiten beginnen.

Das vorher bearbeitete Textdokument bleibt dabei allerdings geöffnet, wie in Windows ein Blick auf die Statusleiste zeigt.

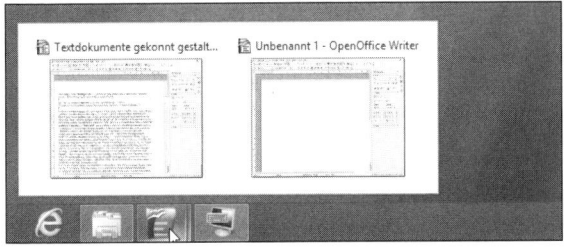

Abb. 2.54: Beide Dokumente bleiben geöffnet

3 Textdokumente perfekt gestalten

Ziel

⇨ Problemlos die wichtigsten Zeichen- und Absatzformate anzuwenden

⇨ Seiten einzurichten und zu gestalten

⇨ Einen DIN-gerechten Brief zu erstellen

⇨ Einsatzmöglichkeiten von Vorlagen zu erkennen

Schritte zum Erfolg

⇨ Zeichen-, Absatz- und Seitenformate

⇨ Anlegen eines Briefs

⇨ Arbeiten mit Vorlagen

Die (fehlerfreie) Eingabe eines Textes ist das eine, seine Gestaltung das andere. Einer der wesentlichen Vorteile einer Textverarbeitung gegenüber der guten alten Schreibmaschine ist die Möglichkeit, die Texte nahezu unbegrenzt zu gestalten. Und genau darum geht es in diesem Kapitel. Zunächst werden Sie sehen, wie Sie mit *Writer* Texte in Form bringen, im zweiten Teil werden Sie sich dann an einen kleinen Brief wagen und diesen im dritten Schritt schließlich als Vorlage abspeichern.

Formatierungsarbeiten

Im Zeitalter des Computers erscheinen uns Schreibmaschinentexte hausbacken und langweilig. Das rührt daher, dass man mithilfe einer Textverarbeitung einen Text wesentlich ansprechender gestalten kann, indem man beispielsweise wichtige Wörter hervorhebt oder Absätze von Bedeutung einrückt.

Diese Arbeiten werden unter dem Begriff *Formatieren* zusammengefasst. Allen ist gemeinsam, dass Sie zunächst wieder die betreffenden Zeichen, Wörter oder Stellen markieren müssen.

Zeichenformatierung

Eine der elementarsten Formatierungen ist die *Zeichenformatierung*, die sich nur auf die jeweiligen markierten Zeichen bezieht.

Für die wichtigsten Zeichenformatierungen finden Sie im Bereich *Text* der Seitenleiste und auf der *Format*-Symbolleiste die entsprechenden Zeichen: *F* für Fettdruck, *K* für das Kursivstellen und *U* für das Unterstreichen.

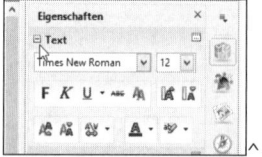

Abb. 3.1: Die wichtigsten Zeichenformate kompakt auf der Seitenleiste

Um einer Zeichenfolge diese Formate zuzuweisen, markieren Sie sie mit der Maus und klicken dann entweder in der Symbolleiste oder in der Seitenleiste auf das Symbol für die gewünschte Formatierung.

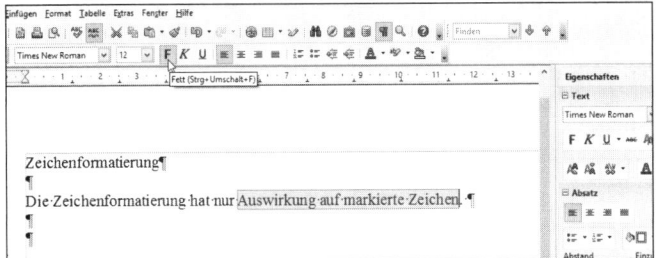

Abb. 3.2: Eine einfache Zeichenformatierung

TIPP

Bei einem einzelnen Wort genügt es, den Cursor einfach in dem Wort platzieren.

Möchten Sie eine so zugewiesene Formatierung wieder entfernen, müssen Sie den Cursor lediglich wieder in das Wort stellen bzw. die betreffende Stelle abermals markieren und die gleiche Schaltfläche noch einmal betätigen.

Möchten Sie eine markierte Stelle farbig gestalten, dann ist auch das kein Problem.

Sie klicken einfach auf die Schaltfläche *Zeichenfarbe* und wählen aus dem folgenden Auswahlfenster die gewünschte Farbe aus.

Zu der Zeichenformatierung gehört auch die Wahl der Schriftart und -größe (siehe Abbildung 3.3).

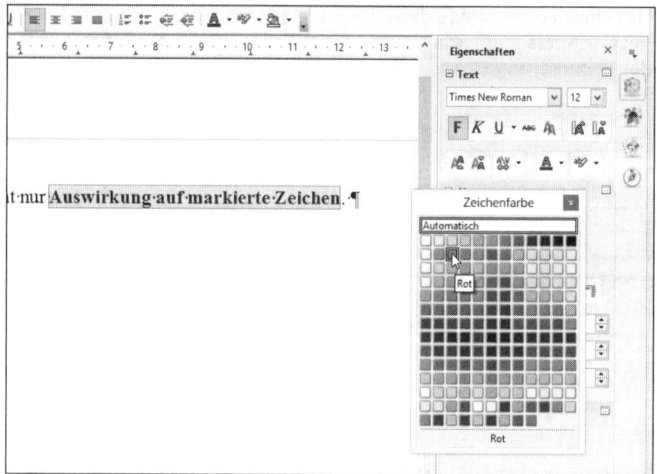

Abb. 3.3: Zeichen farbig hervorheben

Eine *Schriftart* umfasst alle Zeichen mit einem bestimmten Aussehen; sie ist ein vollständiger Satz sämtlicher Buchstaben des Alphabets, der Ziffern und der Sonderzeichen.

Die Schriftart und die *Schriftgröße*, die auch als *Schriftgrad* bezeichnet wird, können Sie einfach über die entsprechenden Listenfelder zuweisen.

Klicken Sie auf den Listenpfeil des Feldes *Schriftname* und wählen Sie aus der umfangreichen Liste die gewünschte Schriftart aus. Der Name der Schrift wird Ihnen dabei gleich in der entsprechenden Schriftart dargestellt, sodass Sie einen Eindruck vom Endergebnis erhalten.

TIPP

Eine bestimmte Schrift können Sie rasch durch Eingabe des Anfangsbuchstabens ihres Namens auswählen. Tippen Sie beispielsweise ein A, wenn Sie die Schrift Arial einstellen wollen.

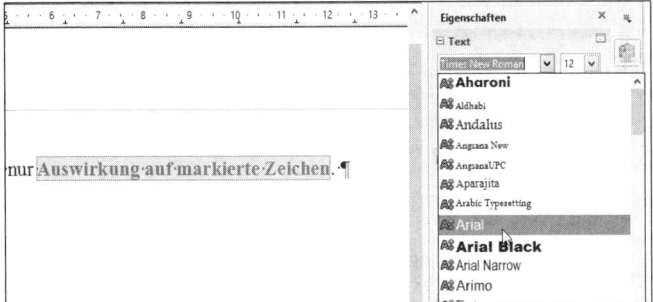

Abb. 3.4: Die Schriftart auswählen

Das Feld für die *Schriftgröße* befindet sich direkt rechts daneben.

Klicken Sie hier ebenfalls auf den Listenpfeil und wählen Sie aus der Liste die gewünschte Größe aus.

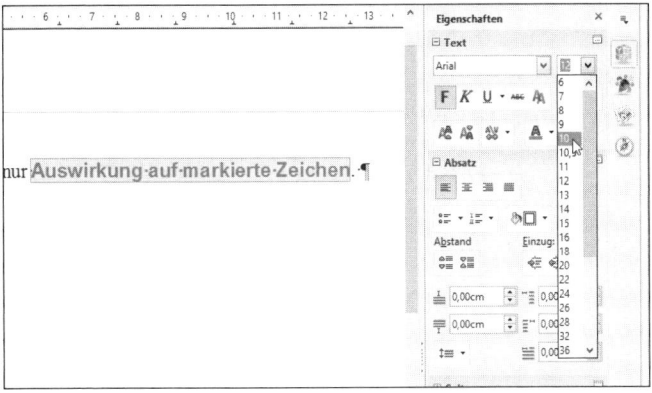

Abb. 3.5: Die Schriftgröße einstellen

Die Schriftgrößen werden standardmäßig in der Maßeinheit Punkt angegeben.

TIPP

Als Faustregel können Sie sich merken, dass man im Regelfall bei der Schrift Times New Roman die Größe 12 wählt, bei der Schrift Arial dagegen die Größe 10.

Die hier vorgestellten Zeichenformatierungsmöglichkeiten sind beileibe nicht alle, die Ihnen Writer bietet.

Alle Zeichenformatierungen erhalten Sie kompakt in einem Dialogfenster, welches Sie über die Befehlsfolge *Format / Zeichen* aufrufen können, oder Sie klicken in der Seitenleiste auf die Schaltfläche *Mehr Optionen*, die sich am rechten Rand der Kategoriebezeichnung *Text* befindet.

In diesem Dialogfenster finden Sie geordnet nach Registerkarten die entsprechenden Varianten, die Sie entweder auswählen oder aktivieren und abschließend mit einem Klick auf OK bestätigen müssen.

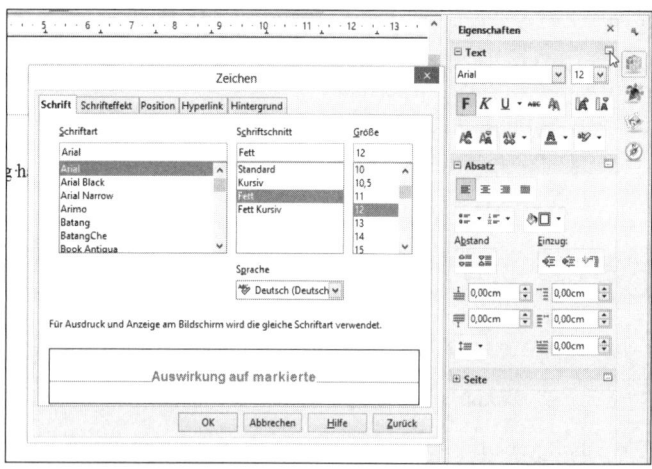

Abb. 3.6: Alle Zeichenformate auf einen Blick

Absatzformatierung

Die *Absatzformatierung* hat Auswirkungen auf den gesamten Absatz.

Möchten Sie einen einzelnen Absatz formatieren, genügt es, einfach den Cursor hineinzustellen. Sollen es mehrere Absätze auf einmal sein, dann müssen Sie diese entsprechend markieren.

Anschließend klicken Sie auf eines der Symbole der *Format*-Symbolleiste oder der Seitenleiste (im Bereich *Absatz*) für die Standardausrichtung von Absätzen.

Wie Sie anhand der Aktivierung der ersten Schaltfläche sehen, werden alle Absätze standardmäßig *Linksbündig* ausgerichtet. Möchten Sie das ändern, müssen Sie entweder die Schaltfläche *Zentriert*, *Rechtsbündig* oder *Blocksatz* (hier wird der Absatz links- und rechtsbündig ausgerichtet) anklicken.

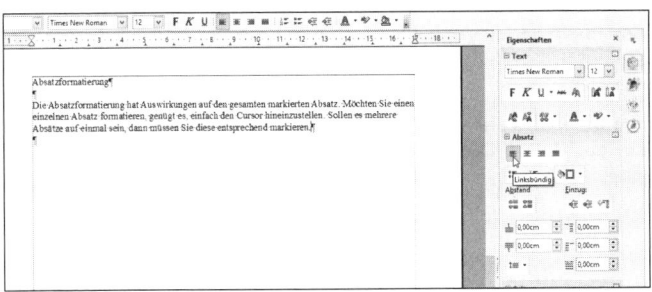

Abb. 3.7: Die Absatzformatierung vornehmen

Neben der Ausrichtung der einzelnen Absätze spielt die Veränderung der Absatzränder eine bedeutende Rolle.

Am schnellsten rücken Sie einen Absatz mithilfe der Symbole *Einzug erhöhen* bzw. *Einzug vermindern* ein und auch wieder aus.

Ein Klick auf die Schaltfläche befördert den Absatz jeweils um 1,25 cm weiter in die entsprechende Richtung.

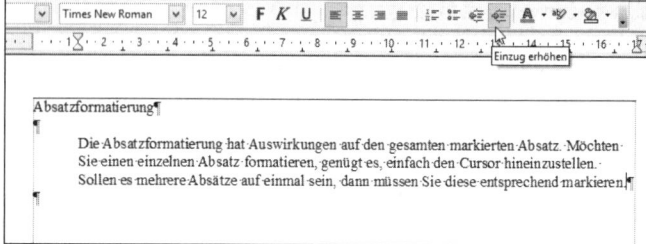

Abb. 3.8: Einen Absatz einrücken

Möchten Sie die Ausrichtung genauer festlegen, verwenden Sie die Symbole des Lineals. Sollte es nicht zu sehen sein, blenden Sie es über *Ansicht / Lineal* ein.

Platzieren Sie dann den Cursor in dem Absatz, der mit einem Einzug versehen werden soll.

Anschließend klicken Sie im Lineal auf das entsprechende Einzugssymbol und ziehen es bei gedrückter Maustaste an die gewünschte Position.

Um beispielsweise den linken Einzug zu verändern, zeigen Sie also auf das untere Dreieck der Markierung und ziehen es nach rechts weg.

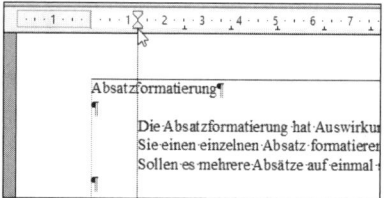

Abb. 3.9: Den linken Einzug verändern

Über das obere Dreieck legen Sie entweder den hängenden Einzug oder den Erstzeileneinzug fest.

Ziehen Sie es nach links weg, entsteht ein hängender Einzug.

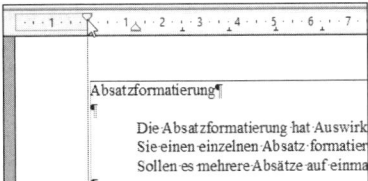

Abb. 3.10: Ein hängender Einzug

Ziehen Sie es dagegen nach rechts weg, erhalten Sie einen Erstzeileneinzug.

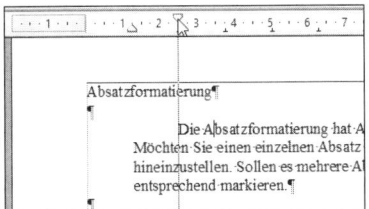

Abb. 3.11: Ein Erstzeileneinzug

Fehlt nur noch die Begrenzung auf der rechten Seite, der sogenannte *Rechte Einzug*.

Dieser verfügt über ein eigenes Symbol, welches Sie ebenfalls in die gewünschte Richtung ziehen.

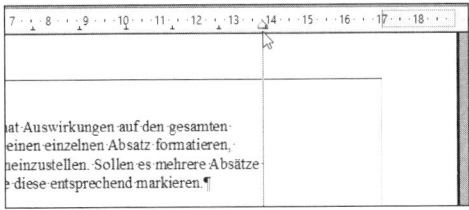

Abb. 3.12: Den rechten Einzug bestimmen

Textdokumente perfekt gestalten

Ganz exakt lassen sich die Absatzränder – wie auch die weiteren Absatzformatierungen – über die Optionen des Dialogfensters *Absatz* vornehmen, das Sie durch Aufruf der Menüfolge *Format / Absatz* oder Anklicken der Schaltfläche *Mehr Optionen* der Seitenleiste erhalten.

In dem folgenden Dialogfenster finden Sie auf der Registerkarte *Einzüge und Abstände* im Bereich *Einzug* die entsprechenden Felder, in die die gewünschten Werte eingetragen oder über die kleinen Pfeile festgelegt werden.

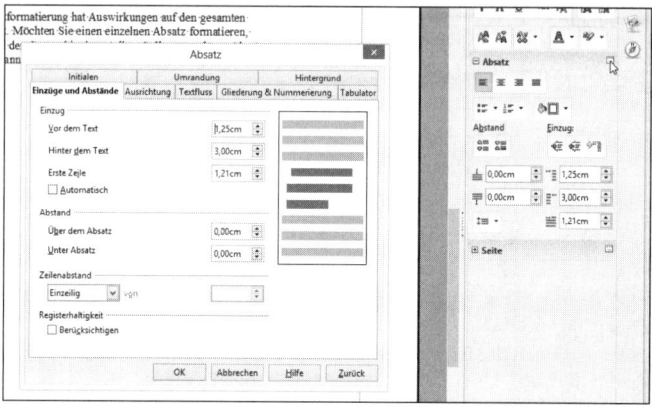

Abb. 3.13: Alle Absatzformatierungen in einem Dialogfenster

Sehr oft werden Sie *Aufzählungen* erzeugen wollen. Diese lassen sich mit geringem Aufwand erstellen.

Schreiben Sie zunächst die entsprechenden Aufzählungspunkte und markieren Sie sie.

Anschließend klicken Sie auf das Symbol *Aufzählungsliste*, wenn Sie Aufzählungspunkte wünschen, oder auf das Symbol *Nummerierung*, wenn die Punkte durchgezählt werden sollen.

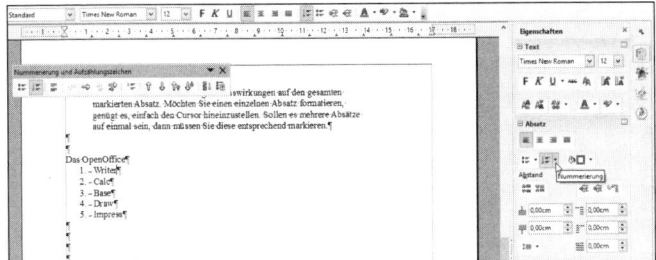

Abb. 3.14: Aufzählungen erzeugen

Durch einen erneuten Aufruf schalten Sie diese Formatierung wieder aus. Alternativ können Sie aber auch die entsprechende dritte Schaltfläche der eingeblendeten Symbolleiste *Nummerierung und Aufzählungszeichen* verwenden.

Auf dieser Symbolleiste finden Sie auch Schaltflächen, mit denen Sie die Aufzählung gliedern können, indem Sie beispielsweise Unterpunkte einfügen.

Hierbei gilt lediglich die Besonderheit, dass sich der Cursor in dem Aufzählungspunkt befinden muss, den Sie umsortieren möchten.

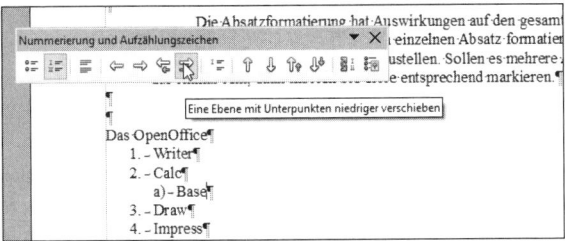

Abb. 3.15: Eine Aufzählung gliedern

Wie Sie sicherlich bemerken, beginnt Writer mit der Nummerierung am Anfang und verwendet dabei arabische Ziffern.

Das können Sie leicht ändern, indem Sie die letzte Schaltfläche (*Nummerierung und Aufzählungszeichen*) der gleichnamigen Symbolleiste anklicken.

Sie erhalten das gleichnamige Dialogfenster und können auf der Registerkarte *Nummerierungsart* nun Ihre Auswahl treffen.

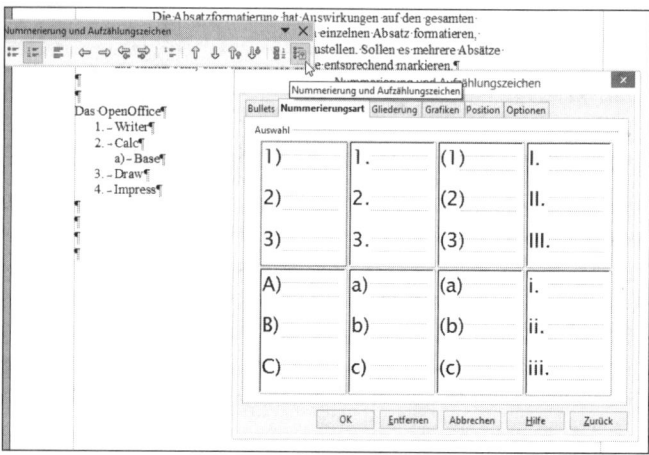

Abb. 3.16: Das Nummerierungszeichen ändern

> **TIPP**
>
> Wenn Sie Aufzählungspunkte verwenden, können Sie an dieser Stelle das Aufzählungszeichen auf die gleiche Art und Weise verändern.

Formatierungshilfen

Wenn Sie zahlreiche Formatierungen vornehmen müssen, werden Sie die beiden folgenden Hilfsmittel rasch zu schätzen wissen.

Kontextmenü

Nahezu alle Formatierungen können Sie auch über das *Kontextmenü* vornehmen. Dazu müssen Sie lediglich unmittelbar nach dem Wort oder innerhalb desselben mit der rechten Maustaste klicken und den gewünschten Eintrag im Kontextmenü auswählen.

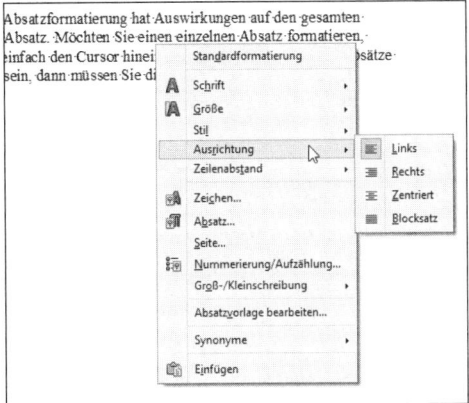

Abb. 3.17: Rasch über das Kontextmenü formatieren

Format übertragen

Müssen mehrere gleichartige Formatierungen vorgenommen werden, dann hilft die Funktion *Format übertragen* weiter.

Zunächst müssen Sie die Stelle markieren, deren Format übertragen werden soll, und anschließend auf die Schaltfläche *Format übertragen* klicken.

Danach ziehen Sie mit dem veränderten Cursor über die Stelle, die das aufgenommene Format übertragen bekommen soll.

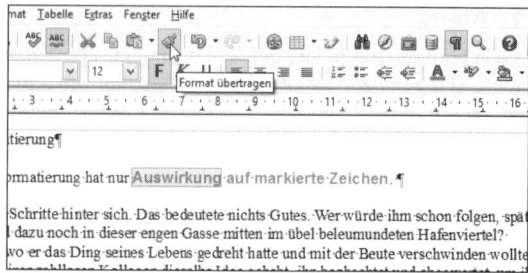

Abb. 3.18: Zuerst das Format aufnehmen ...

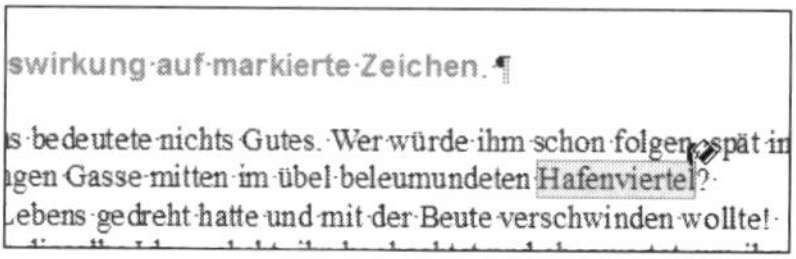

Abb. 3.19: ... und dann übertragen

> **TIPP**
>
> Möchten Sie mehrere Stellen mit dem gleichen Format versehen, dann führen Sie einen Doppelklick auf die Schaltfläche *Format übertragen* aus. Diese wird dadurch arretiert und Sie können nun so lange, bis Sie die Esc-Taste drücken, das Format auf die gezeigte Art übertragen.

Seitenformatierung

Die *Seitenformatierung* legt unter anderem fest, ob das Dokument im Hoch- oder Querformat ausgedruckt wird und welche Ränder dabei eingehalten werden.

Die dazu benötigten Einstellungen finden Sie auf der Registerkarte *Seite* im Dialogfenster *Seitenvorlage*, das Sie durch Aufruf der Menüfolge *Format / Seite* erhalten. Alternativ können Sie aber auch auf das Pluszeichen vor der Kategorie *Seite* in der Seitenleiste und anschließend auf die Schaltfläche *Mehr Optionen* klicken.

Im Bereich *Papierformat* nehmen Sie die elementaren Einstellungen der Seite vor. Über das Listenfeld *Format* können Sie beispielsweise einstellen, ob Sie das Dokument im DIN-A4-Format oder in einer anderen Größe drucken wollen.

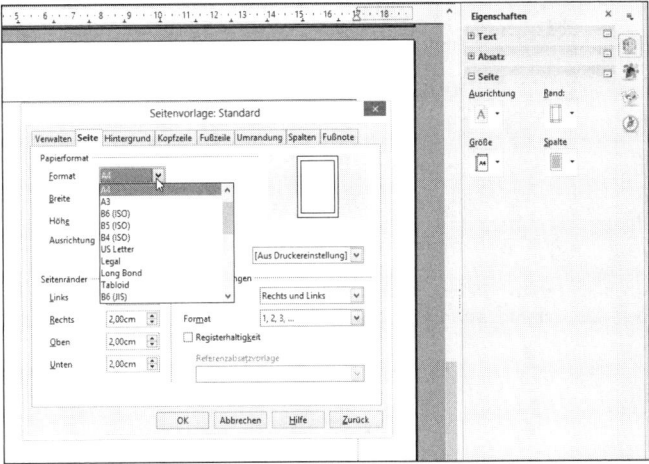

Abb. 3.20: Die Seite einrichten

Je nach Ihrer Wahl werden dabei die Werte in den Feldern *Breite* und *Höhe* angepasst. Die Ausrichtung bestimmen Sie durch einfaches Aktivieren der jeweiligen Option.

Möchten Sie bestimmte Randeinstellungen für das gesamte Dokument vornehmen, dann ändern Sie die Werte im Bereich *Seitenränder*. Die Seitenränder legen die Randvorgaben des gesamten Dokuments fest und bestimmen somit die Breite des Textes, den Sie eingeben können. Die Einstellungen, die Sie für die Absatzformatierungen vorgenommen haben, bleiben hiervon unberührt.

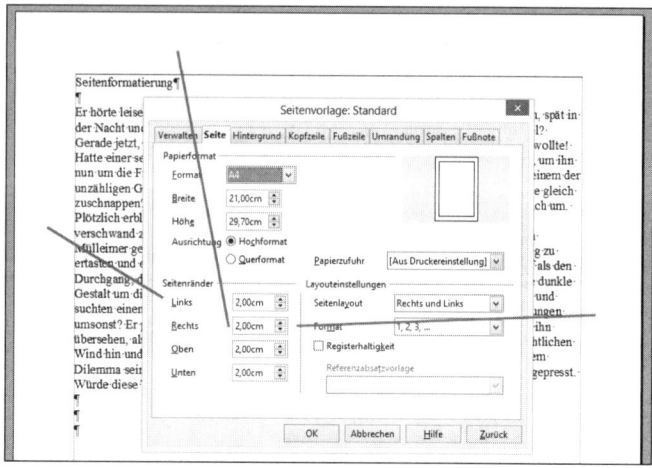

Abb. 3.21: Seitenränder definieren den Textbereich

Im Bereich *Layouteinstellungen* können Sie schließlich noch Einfluss auf das *Seitenlayout* nehmen.

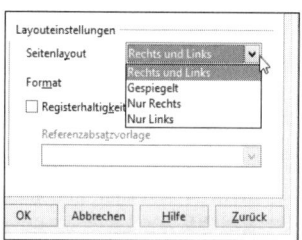

Abb. 3.22: Wählen Sie das Seitenlayout

Über das entsprechende Listenfeld geben Sie an, ob sich das Format auf gerade, ungerade oder gerade und ungerade Seiten mit der aktuellen Seitenvorlage beziehen soll.

Entscheiden Sie sich für die Option *Rechts und Links*, dann werden die Formateinstellungen sowohl auf die geraden als auch auf die ungeraden Seiten angewendet. Die Option *Gespiegelt* verwenden Sie, wenn Sie die gedruckten Seiten wie ein Buch binden möchten. Dabei ist zu beachten, dass der linke und der rechte Rand der innere und der äußere Rand werden.

Abb. 3.23: Die geänderten Randbezeichnungen beim Seitenlayout *Gespiegelt*

Bei der Option *Nur Rechts* werden die aktuellen Formateinstellungen nur auf die ungeraden Seiten mit der aktuellen Seitenvorlage angewendet und bei der Option *Nur Links* verhält es sich genau andersherum.

Mit einem Klick auf die Schaltfläche *OK* werden die geänderten Einstellungen übernommen.

Erstellen eines Briefs

Nach so viel Theorie wollen wir uns an ein konkretes Beispiel wagen und einen Brief für eine fiktive Motorroller GmbH namens *Scooter* erstellen. Diese wird Sie durch die weiteren Kapitel dieses Buches begleiten und kann nach und nach verfeinert werden.

Da sich in einem Brief bestimmte Angaben wie Absender oder die Grußformel nicht ändern, werden Sie ihn im folgenden Abschnitt dergestalt abspeichern, dass Sie diese Daten immer wieder verwenden können.

Legen Sie zunächst ein neues Textdokument an und speichern Sie es unter der Bezeichnung *Brief* in Ihren *OpenWriter*-Ordner.

Randeinstellungen

Rufen Sie die Befehlsfolge *Format / Seite* auf.

Auf der Registerkarte *Seite* des folgenden Dialogfensters stellen Sie im Bereich *Seitenränder* folgende Werte ein: *Links* 2,41 cm, *Rechts* 1,00 cm und *Oben* 1,00 cm. Den Wert für *Unten* belassen Sie bei dem Vorgabewert.

Abb. 3.24: Die Randeinstellungen des Briefs

Bestätigen Sie mit *OK*.

Alternativ können Sie auch die Einstellungen über die Seitenleiste vornehmen.

Klicken Sie im Bereich *Seite* auf den Listenpfeil der Schaltfläche *Rand* und tragen Sie im Bereich *Benutzerdefiniert* die Werte in die entsprechenden Felder ein.

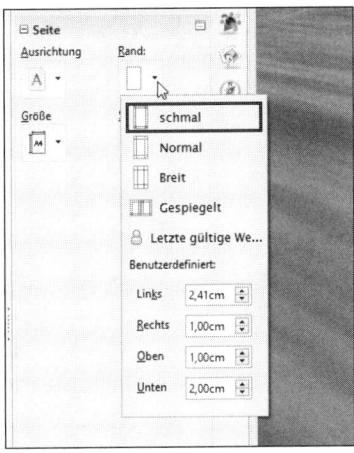

Abb. 3.25: Die gleiche Einstellung in der Seitenleiste

Kopfzeile

Bestimmte Elemente, wie beispielsweise eine Firmenbezeichnung, werden nicht im eigentlichen Text platziert, weil man sie aus Versehen verschieben könnte. Derartige Elemente finden ihren Platz in der Kopf- und Fußzeile.

Diese Bereiche werden standardmäßig nicht angezeigt und müssen deshalb von Ihnen aktiviert werden. Das geschieht über die Registerkarte *Kopfzeile* des Ihnen schon bekannten Dialogfensters *Seitenvorlage* (Menü *Format / Seiten*).

Hier müssen Sie zunächst das Kontrollkästchen *Kopfzeile einschalten* aktivieren, um die benötigten Einstellungen vorzunehmen.

Für unseren Brief setzen Sie die Werte der Felder *Linker Rand*, *Rechter Rand* und *Abstand* auf 0,00 cm.

Dem Feld *Höhe* geben Sie den Wert 3,50 cm. Addiert mit dem Seitenrand von 1 cm, beginnt somit der Text bei 4,50 cm.

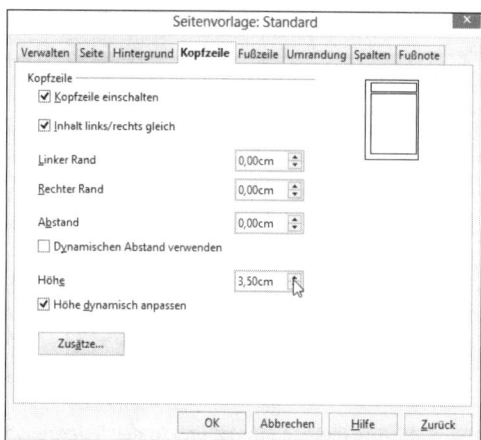

Abb. 3.26: Die Angaben für die Kopfzeile

Bestätigen Sie mit *OK* Ihre Angaben.

In diesem Bereich soll der Firmenname der Motorroller GmbH platziert werden. Da er besonders auffallen soll, werden wir ein grafisches Modul von Writer verwenden, das grafische Schriftzüge ermöglicht.

Fügen Sie zunächst einen weiteren Absatz in den Kopfbereich ein und platzieren Sie den Cursor dann wieder in dem ersten Absatz (Strg + Pos1).

Danach blenden Sie die Symbolleiste *Fontwork* (*Ansicht / Symbolleisten*) ein und klicken auf die erste Schaltfläche *Fontwork Gallery*, welche das gleichnamige Dialogfenster öffnet.

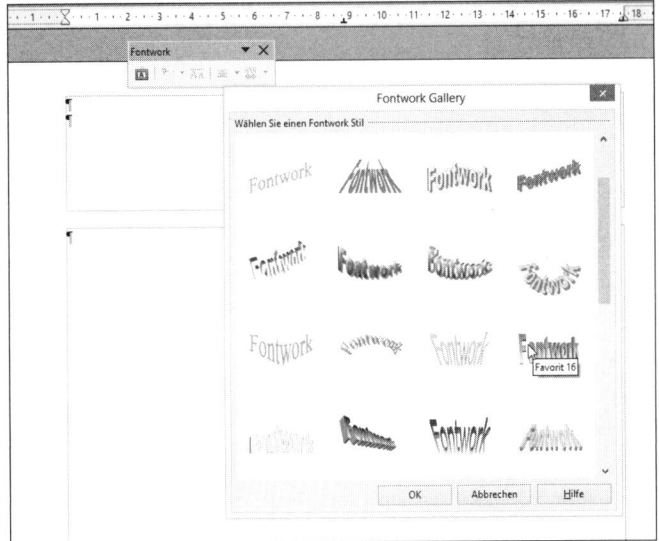

Abb. 3.27: Die Fontwork Gallery

Hier suchen Sie aus den 40 Vorgaben diejenige heraus, die Ihrer Vorstellung am nächsten kommt, und klicken darauf. Die für das Beispiel verwendete Vorlage sehen Sie in der Abbildung bereits markiert.

Mit einem Klick auf OK geht es weiter.

Erschrecken Sie nicht: Das Objekt wird recht groß mittig auf Ihrer Seite platziert.

Über die kleinen blauen Eckanfasser können Sie nun die Größe des Objekts anpassen. Zeigen Sie dazu auf den unteren rechten Anfasser und ziehen Sie das Objekt so weit nach innen, dass es gerade den Kopfbereich ausfüllt.

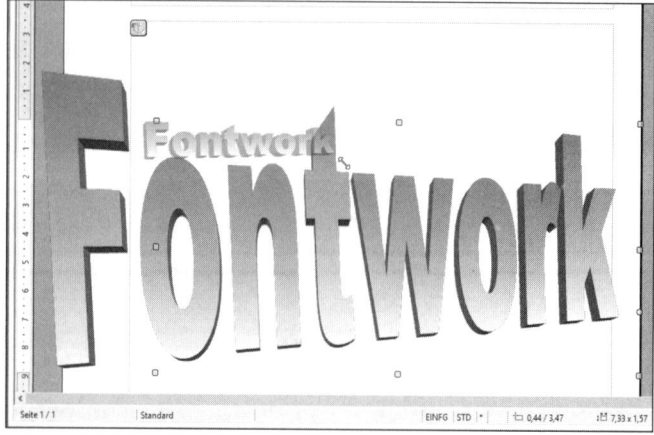

Abb. 3.28: Die Größe des Objekts anpassen

Anschließend ändern Sie den Text. Dazu müssen Sie lediglich das Fontwork-Objekt markiert lassen und über die Tastatur den ersten Buchstaben eingeben. In der Mitte des Objekts erscheint die Textvorgabe *Fontwork*, die Sie nun überschreiben können.

Abb. 3.29: Der neue Text ist bereits eingegeben

Wenn Sie anschließend mit der Maus auf den Schriftzug klicken, wird dieser sofort angepasst.

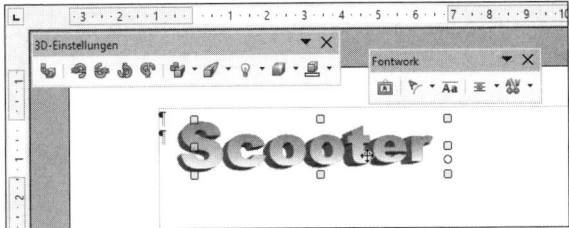

Abb. 3.30: Das Fontwork-Objekt anpassen

Abschließend können Sie das Objekt noch mithilfe der Schaltflächen der eingeblendeten Symbolleiste *Zeichnungsobjekteigenschaften* ändern. So können Sie etwa über das Listenfeld *Flächenstil/-füllung* dem Objekt ein farbenfroheres Aussehen geben.

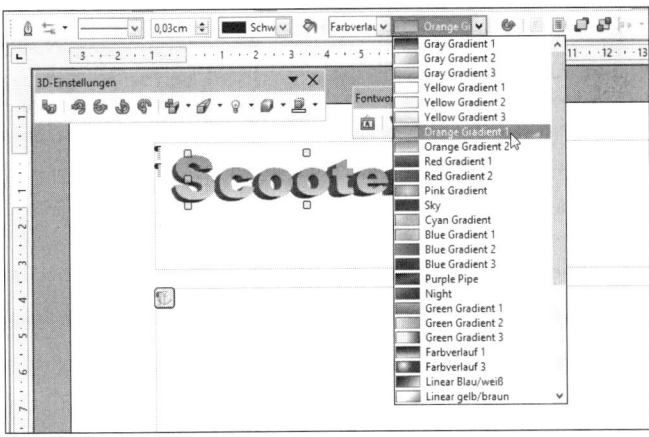

Abb. 3.31: Das Objekt gestalten

Verschieben Sie zum Abschluss den Schriftzug in die rechte Ecke.

Zeigen Sie mit dem Mauszeiger auf den Text und wenn er die Form eines Vierfachpfeils annimmt, können Sie den Schriftzug mit gedrückter Maustaste an die neue Position ziehen.

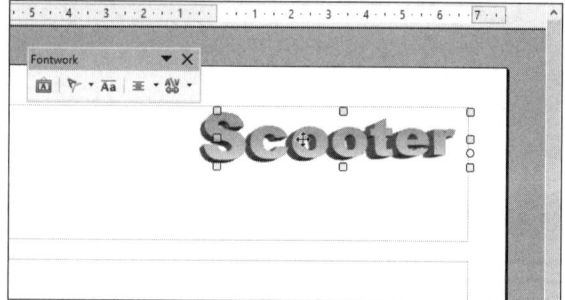

Abb. 3.32: Den Schriftzug verschieben

Das soll vorerst genügen und wir widmen uns dem eigentlichen Brief.

Postanschrift des Absenders

Von zentraler Bedeutung für jeden Brief sind die *Postanschrift* des Absenders und das *Anschriftenfeld*, denn daran kann der Zusteller erkennen, wer den Brief geschickt hat und an wen er gerichtet ist.

Setzen Sie den Cursor in den ersten Absatz des Textbereichs.

Fügen Sie zwei weitere leere Absätze ein und kehren Sie dann in den ersten Absatz zurück.

Stellen Sie die *Schriftgröße* auf 8 pt und klicken Sie auf das Symbol für *Unterstrichen*.

Geben Sie dann folgende Zeile ein: Scooter Motorroller GmbH · Karlsplatz 4 · 80321 München.

Den Punkt zwischen den Angaben geben Sie am schnellsten durch die Tastenkombination [Alt] + [0] + [1] + [4] + [9] ein.

Alternativ können Sie aber auch die Menüfolge *Einfügen / Sonderzeichen* aufrufen und in dem gleichnamigen Dialogfenster in der Liste das Zeichen suchen, markieren und mit einem Klick auf *OK* einfügen.

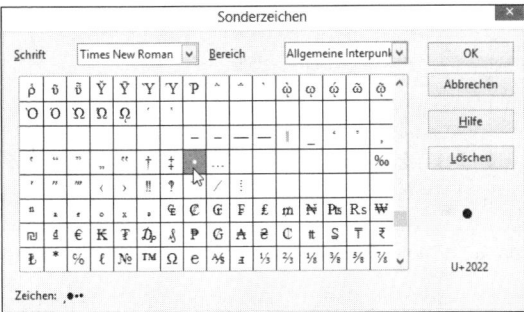

Abb. 3.33: Ein Sonderzeichen einfügen

Setzen Sie den Cursor in den nächsten Absatz.

> **TIPP**
>
> Befinden Sie sich noch in der Absenderzeile, sollten Sie keinesfalls die -Taste betätigen, da der folgende Absatz die Formatierung des vorherigen vererbt bekäme.

Fügen Sie zwei weitere Absätze ein.

In die zweite Zeile käme normalerweise ein postalischer Vermerk wie *Einschreiben*, *Nicht nachsenden* oder *Büchersendung*.

In den folgenden Absatz kommt die Anrede oder die Branchenangabe des Empfängers. Für unser Beispiel geben Sie Frau ein.

Es folgt im nächsten Absatz der Empfängername, gefolgt von der Straße mit Hausnummer bzw. dem Postfach mit Nummer.

Unmittelbar im folgenden Absatz finden die Postleitzahl und der Bestimmungsort ihre Heimat.

Damit ist im Wesentlichen das Adressfeld fertig bestückt.

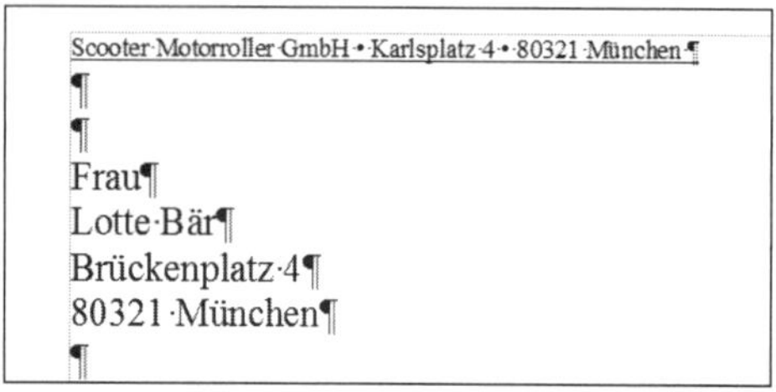

```
Scooter·Motorroller·GmbH • Karlsplatz·4 • 80321 ·München ¶
¶
¶
Frau¶
Lotte·Bär¶
Brückenplatz·4¶
80321·München¶
¶
```

Abb. 3.34: Die weiteren Beispielangaben für das Adressfeld

Würde die Sendung ins Ausland gehen, dann befände sich im achten Absatz noch die Länderkennung.

Da dies in unserem Beispiel nicht der Fall ist, folgen nach der Ortsangabe zwei leere Absätze.

Bezugszeichenzeile

Als Nächstes gestalten wir die *Bezugszeichenzeile*. Sie enthält im Regelfall Angaben wie das Diktatzeichen und Datumsangaben des Adressaten und/oder des Verfassers, die Telefondurchwahl und das aktuelle Datum.

Sie ist nicht notwendiger Bestandteil eines Geschäftsbriefs, erleichtert aber das Nachvollziehen des Schriftwechsels.

Die Bezugszeichenzeile beginnt vier Absätze unter dem Anschriftenfeld und besteht aus zwei Zeilen, wobei die oberste – die Leitwörterzeile – eine Schriftgröße von 6 pt bzw. 8 pt aufweisen soll.

Sie enthält in der ersten Zeile vier Leitwörter, die eine bestimmte Position vom linken Blattrand einnehmen müssen.

Um diese Vorgaben zu erfüllen, werden Sie eine Tabelle einsetzen.

Platzieren Sie den Cursor in den Absatz und klicken Sie in der *Standard*-Symbolleiste auf den Listenpfeil der Schaltfläche *Tabelle*.

Zeigen Sie mit der Maus auf dem Raster die erforderliche Größe, im Beispiel 4 x 2 (für 4 Spalten und 2 Zeilen), an und klicken Sie auf die letzte Zelle.

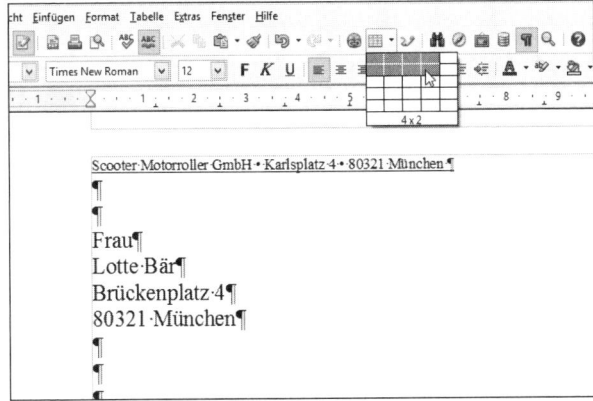

Abb. 3.35: Eine Tabelle einfügen

Writer fügt wie gewünscht die Tabelle ein und blendet gleichzeitig die gleichnamige Symbolleiste ein.

Markieren Sie die erste Zeile, indem Sie den Cursor davor platzieren. Wenn der kleine dicke Pfeil erscheint, klicken Sie einmal.

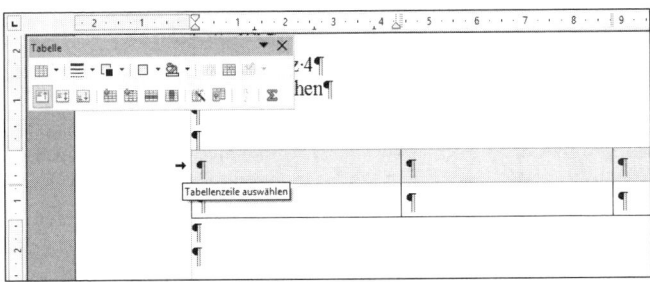

Abb. 3.36: Die erste Zeile formatieren

Anschließend setzen Sie den Schriftgrad auf 8 pt.

Klicken Sie in die erste Zelle und geben Sie Folgendes ein: Ihr Zeichen, Ihre Nachricht vom.

Betätigen Sie einmal die ⮐-Taste, um in die nächste Zeile zu gelangen.

Hier geben Sie ein Unser Zeichen, unsere Nachricht vom.

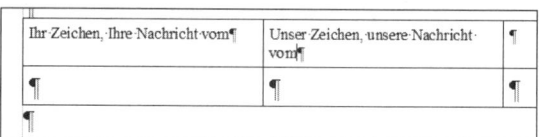

Abb. 3.37: Die Bezugszeile zum gegenwärtigen Stand

Betätigen Sie wieder die ⮐-Taste, geben Sie Durchwahl ein, drücken Sie noch einmal die ⮐-Taste und schließen Sie die Zeile mit der Eingabe von Datum ab.

Nun müssen die richtigen Abstände eingestellt werden.

Dazu platzieren Sie den Cursor wieder in der ersten Zelle. Dazu müssen Sie dreimal die Tasten ⇧ + ⮐ betätigen.

Dann klicken in der Symbolleiste *Tabelle* auf die Schaltfläche *Tabelleneigenschaften*.

In dem erscheinenden Dialogfenster *Tabellenformat* aktivieren Sie die Registerkarte *Spalten*. Hier finden Sie die benötigten Einstellungsoptionen.

Der Abstand zwischen den Leitwörtern beträgt 5,08 cm. Klicken Sie in das erste Feld *Spaltenbreite* und tragen Sie den Wert der ersten Spalte, also 5,08 cm, ein (siehe Abbildung 3.38).

Verfahren Sie für die beiden nächsten Spalten 2 und 3 ebenso. Den Wert der vierten Spalte können Sie dagegen belassen (siehe Abbildung 3.39).

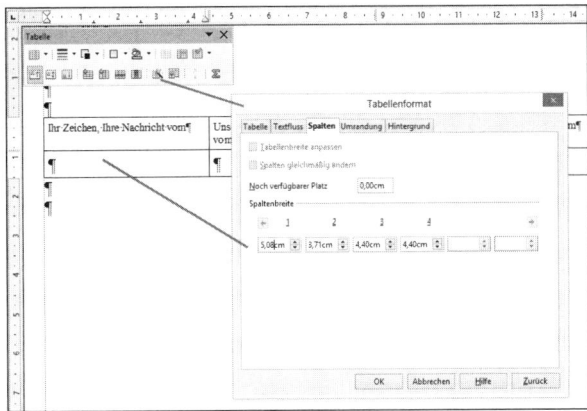

Abb. 3.38: Die Spaltenbreite festlegen

Abb. 3.39: Die Breite der letzten Spalte müssen Sie nicht eingeben

Schließen Sie das Dialogfenster mit OK.

Was jetzt noch stört, ist die dünne Umrandung. Sie soll später beim Druck nicht sichtbar sein und muss deswegen noch entfernt werden.

Markieren Sie dazu die gesamte Tabelle. Das geht am schnellsten, wenn Sie den Cursor schräg oberhalb der ersten Zelle platzieren.

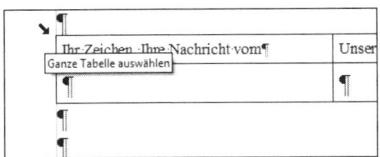

Abb. 3.40: Die gesamte Tabelle auswählen

Textdokumente perfekt gestalten

Nachdem Sie die Tabelle mit einem Klick markiert haben, klicken Sie auf die Schaltfläche *Umrandung* und wählen den ersten Eintrag *Keine* aus.

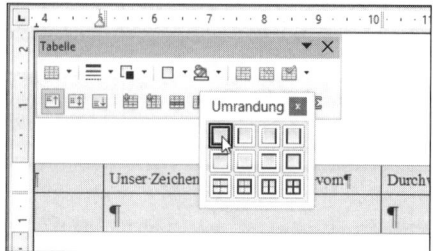

Abb. 3.41: Die Umrandung entfernen

Stellen Sie abschließend den Cursor in die letzte Zeile. Hier soll das Erstellungsdatum des Briefs in aktualisierbarer Form eingegeben werden.

Wählen Sie dazu die Menüreihenfolge *Einfügen / Feldbefehl / Datum*.

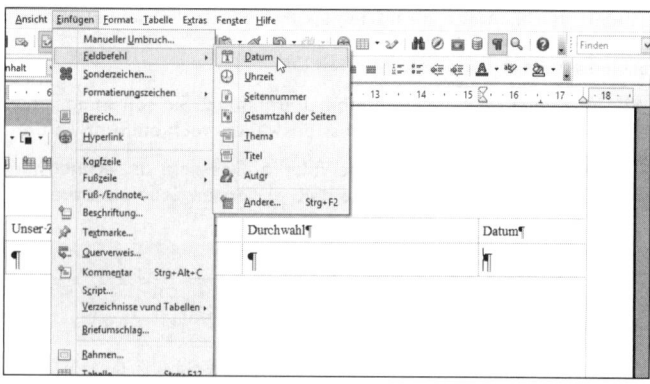

Abb. 3.42: Das Datum einfügen

Betreff

Als Nächstes folgt der Betreff. Dabei handelt es sich um eine stichwortartige Inhaltsangabe des Briefs, die sich auf den ganzen Inhalt bezieht.

Der Betreff beginnt zwei Leerzeilen unterhalb der Bezugszeile bzw. des Informationsblocks.

Als Formatierung ist lediglich eine Fettung möglich, ansonsten ist der Betreff linksbündig ausgerichtet und enthält kein Satzendzeichen.

> *Das Wort Betreff* wird heutzutage nicht mehr geschrieben. Eine lange Betreffangabe können Sie auf zwei Zeilen verteilen.

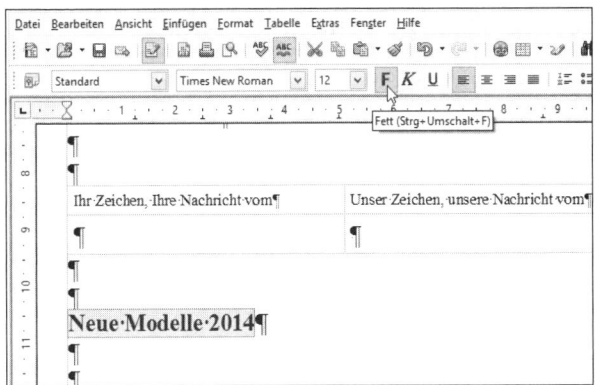

Abb. 3.43: Der Betreff

Nach dem Betreff folgen zwei weitere Leerzeilen.

Anrede

Die *Anrede* beginnt in der dritten Zeile nach dem Betreff.

Bei der Anrede gilt der Grundsatz, dass man den Briefpartner möglichst mit seinem – richtig geschriebenen – Namen anreden sollte.

Die klassischen Anreden sind sicherlich die allseits bekannten *Sehr geehrte Damen und Herren*, *Sehr geehrte Frau* und *Sehr geehrter Herr*. Bei diesen förmlichen Anreden kann man eigentlich nichts falsch machen.

Bevor Sie diese jetzt eingeben, geben Sie nur die Buchstaben sgdh ein.

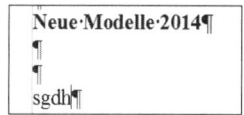

Abb. 3.44: Was wird das geben?

Fügen Sie jetzt ein Komma ein.

Writer ersetzt diese Buchstabenkombination durch die gewünschte Anrede.

```
Neue·Modelle·2014¶
¶
¶
Sehr·geehrte·Damen·und·Herren,¶
¶
```

Abb. 3.45: Was so ein kleines Zeichen bewirken kann!

Brieftext

Nach der Anrede folgt der *Brieftext* mit einer Zeile Abstand.

Falls Ihnen kein Text einfällt, können Sie zu Übungszwecken den aus der folgenden Abbildung eingeben.

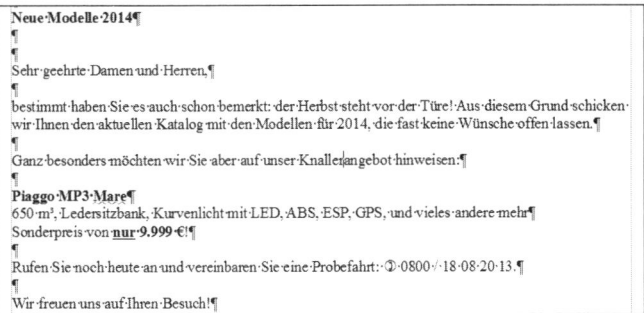

Abb. 3.46: Den Text gestalten Sie nach Ihren Wünschen

> **TIPP**
>
> Das Telefonsymbol finden Sie unter *Einfügen / Sonderzeichen*, wenn Sie die Schriftart Wingdings wählen.

Der wichtigste Grundsatz für den Brieftext ist die gute Lesbarkeit. Vermeiden Sie deshalb ungewöhnliche Schriftarten, etwa eine Schreibschrift, da sich das Auge des Betrachters erst an solche Schriften gewöhnen muss und unter Umständen die eigentliche Botschaft des Briefs untergeht.

Im Allgemeinen verwendet man deshalb eine gängige Schrift wie Times New Roman mit einem Schriftgrad von 12 pt oder die Schriftart Arial mit 10 pt.

Bei Absätzen ist zu beachten, dass als Gliederung zwischen dem vorhergehenden und dem folgenden Text stets eine Leerzeile eingefügt wird, die durch einmaliges Betätigen der -Taste erzeugt wird.

Unterschriftenblock

Der *Unterschriftenblock* bildet den Abschluss des Briefs. Auch er ist einfach linksbündig ausgerichtet und wird durch eine Leerzeile vom letzten Absatz getrennt.

Im Regelfall besteht er aus der Grußformel, die kein Satzendzeichen enthält, und der handschriftlichen Unterschrift.

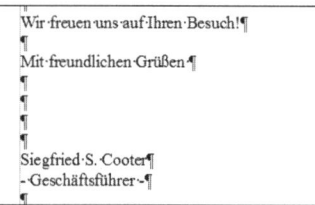

Abb. 3.47: Der Unterschriftenblock

> **TIPP**
>
> Die Floskel *Mit freundlichen Grüßen* können Sie schnell durch Eingabe von mfg gefolgt von einem Leerzeichen eingeben. Dadurch lösen Sie die sogenannte AutoKorrektur aus. Wenn Sie auf diese Funktion zugreifen wollen, wählen Sie die Menüfolge *Extras / AutoKorrektur* und können auf der Registerkarte *Ersetzungen* die gewünschten Kürzel eingeben.

Arbeiten mit Vorlagen

Im vorherigen Abschnitt haben Sie einen Brief erstellt. Sicherlich werden Sie nicht jeden Tag große Freude daran verspüren, eine solche Arbeit zu verrichten. Zwar könnte man auf die Idee kommen, den Brief einfach als Muster abzuspeichern und dann die entsprechenden Passagen zu überschreiben. Doch das ist recht umständlich und auch gefährlich, wenn Sie einmal aus Versehen das Dokument löschen.

Hier kommen vielmehr *Vorlagen* zum Einsatz. Dabei handelt es sich um Basisdokumente, auf deren Grundlage neue Dokumente erstellt werden können. Da sie als Vorlagen und nicht als Dokument abgespeichert werden, sind sie gegen zufällige Veränderungen oder Löschungen immun.

Eine Dokumentvorlage ermöglicht, dass alle Briefe ein einheitliches Aussehen haben. In ihr werden alle Einstellungen gespeichert, die in jedem Dokument automatisch zur Verfügung stehen.

Eine Vorlage erstellen

Was liegt also näher, als den in den eben erstellten Brief gleich als Vorlage abzuspeichern?

Zunächst müssen jedoch alle Bestandteile des Briefs entfernt werden, die sich nicht ständig wiederholen.

Das Ergebnis könnte in etwa wie in der folgenden Abbildung aussehen.

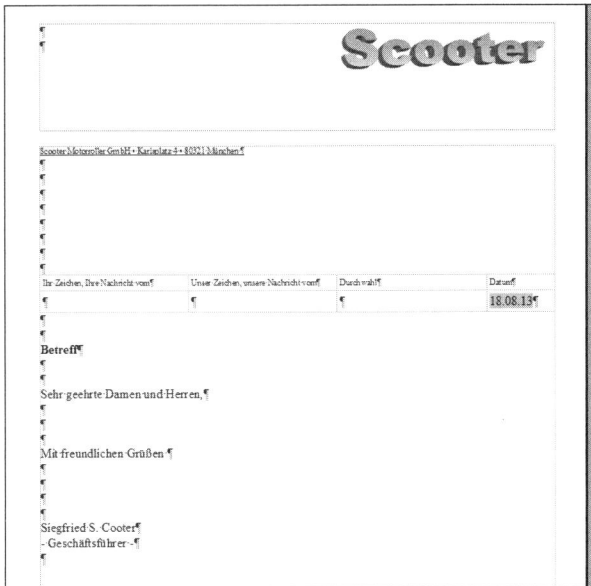

Abb. 3.48: Vorbereitung für eine Vorlage

> **TIPP**
>
> Im praktischen Einsatz sollten Sie an dieser Stelle natürlich einen aussagekräftigen Namen für Ihre Vorlage verwenden. Wenn Sie sich erst einmal an diese praktische Einrichtung gewöhnt haben, wird Ihr Vorlagenbestand sicherlich rasch anwachsen, und da gilt es, den Überblick zu behalten.

Das Wort „Betreff" wurde ausgeschrieben, damit man den Betreff leichter ausmachen kann. So muss man nur einen Doppelklick daraufsetzen und den Vorgabewert überschreiben.

Nachdem der Brief nur noch Bestandteile enthält, die in jedem Brief auftauchen, können Sie ihn als Vorlage abspeichern.

Dazu klicken Sie auf das Menü *Datei* und rufen den Befehl *Speichern unter* auf, wodurch Sie das Dialogfenster *Speichern unter* erhalten.

Doch halt, klicken Sie nicht gleich auf *Speichern*!

Anders als beim normalen Speichern, bei dem zuerst der Speicherort eingestellt wird, müssen Sie hier erst Vorkehrungen bezüglich des Dateityps treffen.

Klicken Sie auf das Listenfeld *Dateityp* und wählen Sie den Eintrag *ODF Textdokumentvorlage (.ott)* aus.

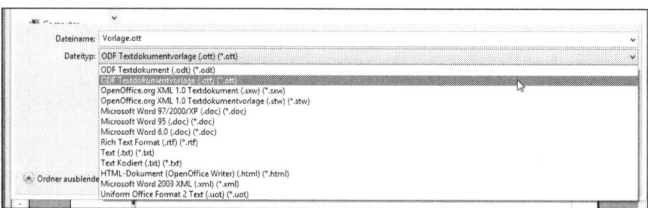

Abb. 3.49: Als Textdokumentvorlage speichern

> **TIPP**
>
> Im praktischen Einsatz sollten Sie an dieser Stelle natürlich einen aussagekräftigen Namen für Ihre Vorlage verwenden. Wenn Sie sich erst einmal an diese praktische Einrichtung gewöhnt haben, wird Ihr Vorlagenbestand sicherlich rasch anwachsen, und da gilt es, den Überblick zu behalten.

Bestätigen Sie Ihre Wahl mit einem Klick auf *Speichern*. Das war es dann auch schon.

Schließen Sie das auf dem Bildschirm sichtbare Dokument. Falls Sie dabei gefragt werden, ob es gespeichert werden soll, verneinen Sie. Es handelt sich nämlich schon um die Vorlage und wenn Sie jetzt – auch unbewusst – Änderungen vorgenommen hätten, hätte das Auswirkungen auf die eben erstellte Vorlage.

Sicherlich wollen Sie jetzt wissen, wie man an diese Vorlage herankommt. Da will ich die Spannung nicht länger aufrechterhalten und zeige Ihnen gleich, wie einfach das ist.

Klicken Sie im *Start Center* auf die Schaltfläche *Datei* und anschließend auf *Neu* und wählen Sie den Menüeintrag *Vorlagen und Dokumente*.

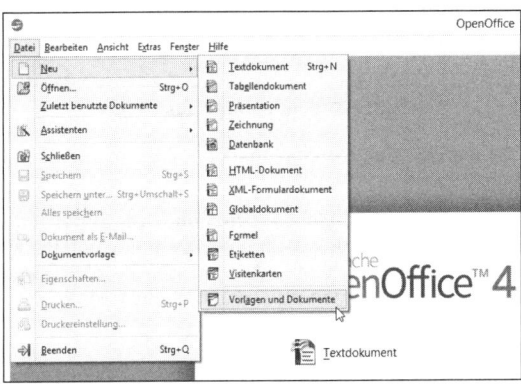

Abb. 3.50: Auf die Vorlagen zugreifen

Ist das Startfenster offen, können Sie auch auf die Schaltfläche *Vorlagen* klicken.

Im folgenden Dialogfenster wählen Sie den Speicherort der Vorlage und markieren diese. Wenn Sie die Schaltfläche *Vorschau* einschalten, können Sie im rechten Feld überprüfen, ob es die gewünschte Vorlage ist.

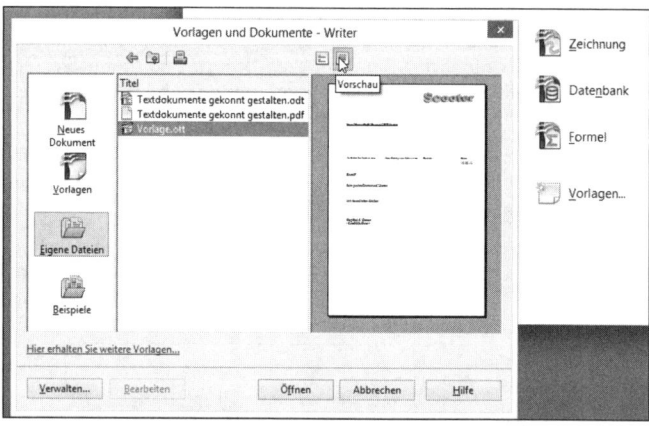

Abb. 3.51: Eine Vorlage auswählen

Haben Sie die Vorlage gefunden, markieren Sie sie und beenden den Vorgang mit *Öffnen*.

Anders als es diese Schaltfläche vermuten lässt, öffnet Writer aber nicht die Vorlage, sondern erstellt eine Kopie davon. Diese können Sie nun nach Herzenslust bearbeiten, müssen sie aber zum Schluss unter einem eigenen Namen als Dokument abspeichern.

Vorlagen verwalten

Möchten Sie diese Vorlage auf Dauer verwenden, dann ist es hilfreich, sie in die Kategorie *Meine Vorlagen* aufzunehmen, woraus sie in Zukunft aufrufbar ist.

Klicken Sie auf die Schaltfläche *Verwalten*.

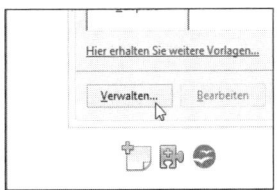

Abb. 3.52: Auf diese Schaltfläche kommt es an

Im folgenden Dialogfenster *Dokumentvorlagen verwalten* finden Sie die Schaltfläche *Befehle*. Aus deren Menü wählen Sie den Eintrag *Vorlage importieren* aus.

Abb. 3.53: Eine Vorlage in eine bestimmte Kategorie importieren

Suchen Sie den Speicherort der Vorlage auf und markieren Sie diese.

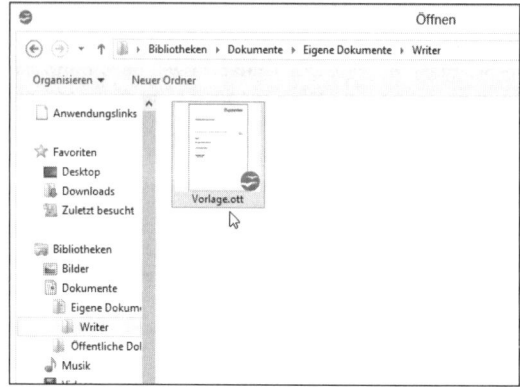

Abb. 3.54: Den Speicherort einstellen

Bestätigen Sie mit *Öffnen*.

Sofort wird die Vorlage angezeigt.

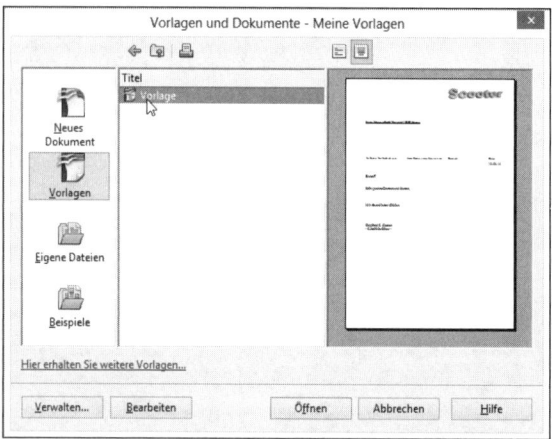

Abb. 3.55: Die Vorlage lässt sich nun über die Schaltfläche *Vorlagen* finden

Etiketten

Nachdem Sie Ihre Briefe ausgedruckt haben, werden Sie diese, sofern Sie sich nicht für den E-Mail-Versand entschieden haben, versenden wollen. Dazu nutzen Sie sich üblicherweise Briefumschläge.

Sehr oft werden aus Kosten- oder Formatgründen Umschläge ohne Fenstereinsatz verwendet. Und vielleicht denken Sie jetzt mit Horror daran, wie mühselig es ist, die Beschriftung mit der Hand zu erledigen. Doch die Zeiten, als man Briefumschläge noch per Hand oder mit der guten alten Schreibmaschine beschriftete, sind lange vorbei. Es gibt schließlich Etiketten.

Rufen Sie im *Start Center* die Menüfolge *Datei / Neu / Etiketten* auf.

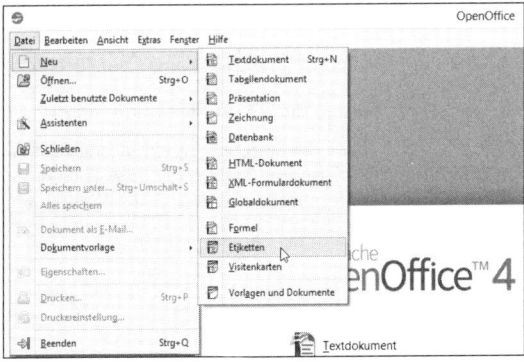

Abb. 3.56: Etiketten erstellen

Sie erhalten das Dialogfenster *Etiketten*. Hier müssen Sie als Erstes in den Feldern *Marke* und *Typ* den verwendeten Etikettentyp einstellen.

Ein Blick auf die Verpackung der Etiketten wird Ihnen sicherlich weiterhelfen.

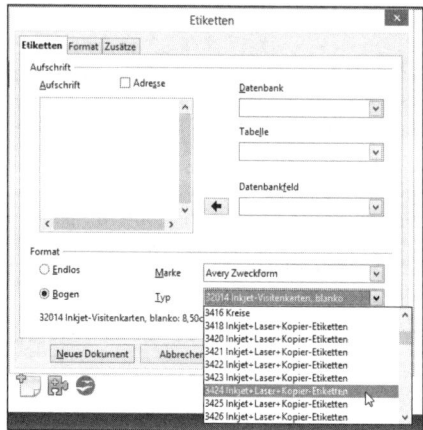

Abb. 3.57: Das Dialogfenster *Etiketten* wartet auf Ihre Eingaben

Im Bereich *Aufschrift* werden die Anschriften aufbereitet.

Dazu können Sie entweder die Anschrift direkt in das Feld *Aufschrift* eingeben oder Sie verbinden eine *Datenbank* oder *Tabelle* und wählen die entsprechenden Steuersätze im Feld *Datenbank* aus.

Sind Sie fertig, schließen Sie das Fenster mit *OK*.

Visitenkarten

Mit OpenOffice lassen sich problemlos Visitenkarten erstellen. Dazu müssen Sie zunächst die Menüreihenfolge *Datei / Neu / Visitenkarten* aufrufen.

Im folgenden Dialogfenster *Visitenkarten* wählen Sie auf der Registerkarte *Medium* zunächst die von Ihnen bevorzugte *Marke* und den entsprechenden *Typ* aus.

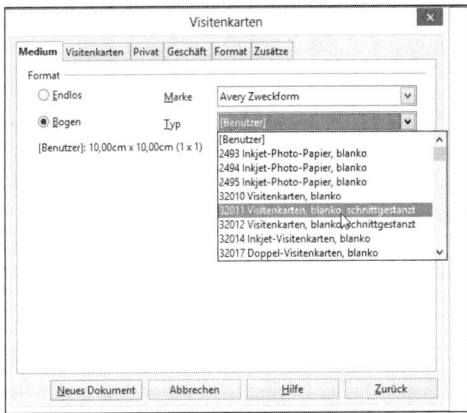

Abb. 3.58: Wählen Sie das Ausgabemedium

Auf der Registerkarte *Visitenkarten* wählen Sie anschließend eine Vorgabe aus der Liste *Inhalt* aus.

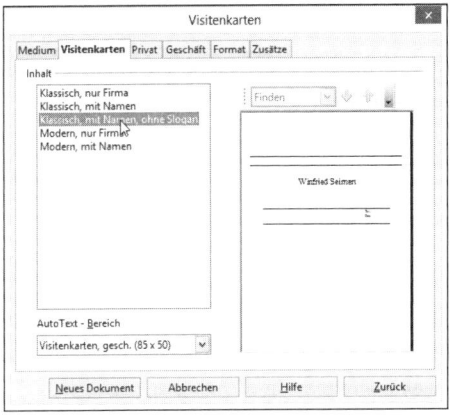

Abb. 3.59: Legen Sie das grobe Aussehen fest

Auf den Registerkarten *Privat* und/oder *Geschäft* machen Sie danach die Angaben, die auf der Visitenkarte erscheinen sollen. Über die Einstellungen der Registerkarte *Format* können Sie des Weiteren Einfluss auf die Ränder oder Abstände nehmen und auf der Registerkarte *Zusätze* können Sie gegebenenfalls den zu verwendenden Drucker einstellen.

Haben Sie alle Eingaben getätigt, klicken Sie auf die Schaltfläche *Neues Dokument*.

Sofort wird das entsprechende Dokument erstellt und Sie können die restlichen Eingaben tätigen. Falls Ihnen beispielsweise die Schrift nicht gefällt, können Sie aber auch gegebenenfalls noch kleine Verschönerungsarbeiten vornehmen.

Sie müssen dabei lediglich die erste Visitenkarte bearbeiten und klicken dann abschließend auf die große Schaltfläche *Etiketten synchronisieren*, um die Veränderungen auf alle Visitenkarten zu übertragen.

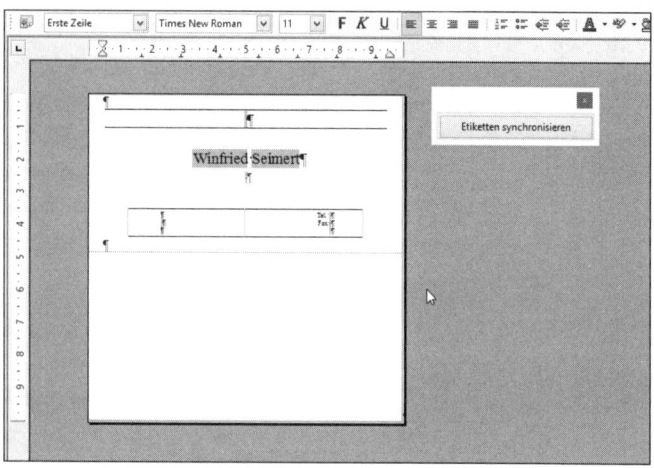

Abb. 3.60: Die (fast) fertigen Visitenkarten

Sind Sie fertig, können Sie dann die Visitenkarten einfach ausdrucken.

Webseiten

Kleinere Internetauftritte oder das Erstellen von aktuellen Internetseiten lassen sich mit OpenOffice gleichfalls mühelos stemmen.

Im *Start Center* rufen Sie die Menüfolge *Datei / Neu / HTML-Dokument* auf.

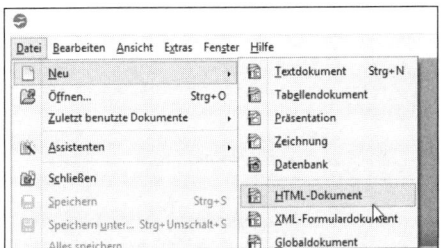

Abb. 3.61: Eine Internetseite erstellen

OpenOffice schaltet in die Ansicht *Weblayout* um und Sie können sofort mit dem Gestalten der Webseite beginnen.

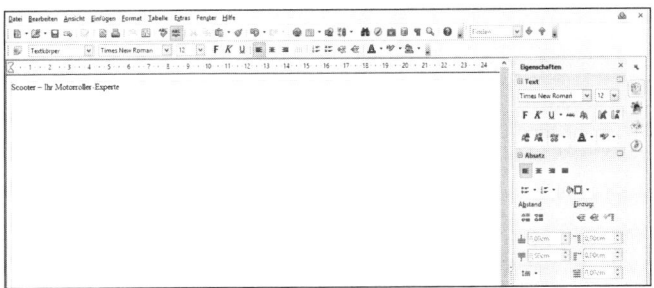

Abb. 3.62: Eine Webseite mit OpenOffice gestalten

Möchten Sie abschließend Ihr Meisterwerk einmal im Browser Ihrer Wahl betrachten, rufen Sie die Menüfolge *Datei / Vorschau im Webbrowser* auf.

Textdokumente perfekt gestalten

4 Adressen optimal verwalten

Ziel

⇨ Funktionsweise von Base zu verstehen
⇨ Einsatzgebiete einer Datenbank kennenzulernen

Schritte zum Erfolg

⇨ Mit Datenbankbegriffen vertraut machen
⇨ Eine Datenbank anlegen
⇨ Tabellen erstellen und Datensätze anlegen
⇨ Formulare anlegen und verwenden
⇨ Berichte für Ausdruck zusammenstellen
⇨ Mithilfe von Abfragen Daten selektieren

Nachdem der Brief im Großen und Ganzen steht, soll er an alle Kunden verschickt werden.

Datenbanken

Doch wo befinden sich die Adressen? Früher führte man Karteikästen, heute nimmt man dazu eine *Datenbank*.

Diese Datenbank wird mit einem Datenbankprogramm erstellt. Es verwaltet kleinere wie auch große Datenmengen in Tabellenform. Dabei sind diese Tabellen nach bestimmten Themengebieten geordnet und ermöglichen so den gezielten Zugriff. Eine typische Anwendungsform von Datenbanken sind Adress-, Personal-, Kunden- oder Bestelllisten.

Viele Anwender zucken zusammen, wenn sie das Wort Datenbank hören. Mit dem Programmmodul *Base* werden Sie aber recht rasch in die Welt der Datenbanken eindringen, denn Sie werden dabei durch einen Assistenten unterstützt.

Im Folgenden soll eine kleine Datenbank zur Verwaltung der Interessenten der Motorroller GmbH angelegt werden.

Datenbank anlegen

Starten Sie zunächst das Programmmodul *Base* bzw. klicken Sie im *Start Center* auf die Schaltfläche *Datenbank*.

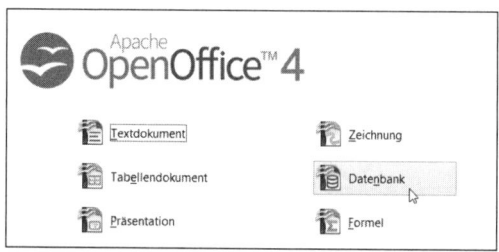

Abb. 4.1: So geht es los!

Unmittelbar nachdem Sie das betreffende Symbol angeklickt haben, erscheint das nachfolgende Dialogfenster und heißt Sie willkommen.

Da Sie eine neue Datenbank erstellen möchten, belassen Sie es bei der Option *Neue Datenbank erstellen*.

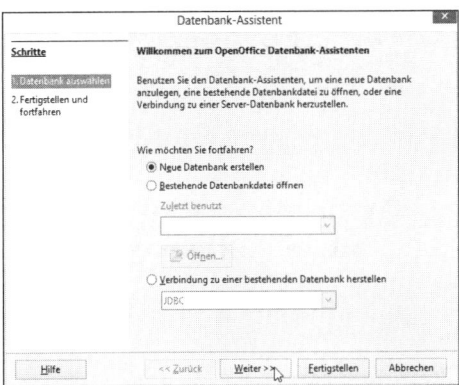

Abb. 4.2: Erstellen Sie eine neue Datenbank!

> **TIPP**
>
> Möchten Sie zu einem späteren Zeitpunkt die nachfolgend erstellte Datenbank bearbeiten, wählen Sie die zweite Option.

Mit *Weiter* gelangen Sie in das nächste Dialogfenster.

In diesem müssen Sie entscheiden, ob Sie sich in OpenOffice anmelden möchten.

Belassen Sie es bei der Vorgabe *Ja, die Datenbank soll angemeldet werden*, denn so stehen Ihnen dann später die Inhalte der Datenfelder z. B. in Feldbefehlen und Kontrollfeldern zur Verfügung.

Da auch gleich mit dem Bearbeiten begonnen werden soll, belassen Sie das Kontrollkästchen *Die Datenbank zum Bearbeiten öffnen* ebenfalls aktiviert.

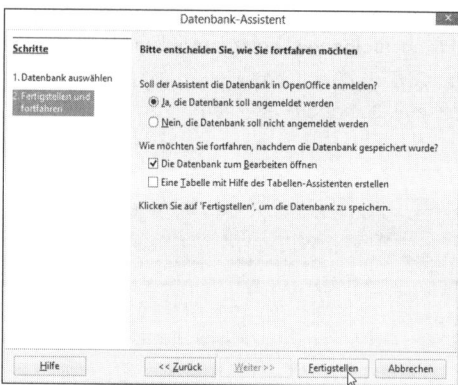

Abb. 4.3: Melden Sie sich an!

Da hier nichts weiter zu tun ist, klicken Sie auf *Fertigstellen*.

Sie erhalten das Dialogfenster *Speichern unter*, denn die Datenbankdatei muss ja irgendwo auf Ihrer Festplatte gesichert werden.

Begeben Sie sich in den gewünschten Ordner und geben Sie im Feld *Dateiname* eine aussagekräftige Bezeichnung ein (siehe Abbildung 4.4).

In unserem Fall tragen Sie Scooter ein und betätigen *Speichern*.

Base legt die Datenbank an und öffnet nun das Datenbankfenster, das die Schaltzentrale für alle Arbeiten mit dem Programm ist.

Betrachten wir es deshalb einmal genauer. Neben den üblichen Bestandteilen wie der Menü- und Symbolleiste finden Sie auf der linken Seite den Bereich *Datenbank*. Hier finden Sie alle Objekte, die beim Arbeiten mit einer Datenbank eine Rolle spielen: *Tabellen*, *Abfragen*, *Formulare* und *Berichte*.

Unmittelbar daneben befindet sich der Bereich *Aufgaben*, in dem Sie die Arbeiten mit den einzelnen Objekten koordinieren.

Nachdem Sie diese durchgeführt haben, befinden sich die Ergebnisse in dem Bereich darunter, von dem sie wieder aufgerufen werden können (siehe Abbildung 4.4).

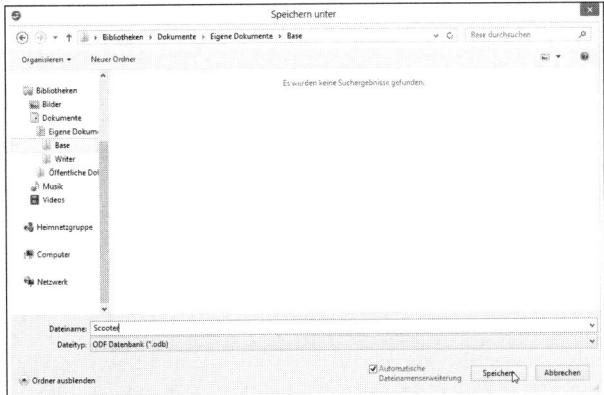

Abb. 4.4: Die Datenbankdatei abspeichern

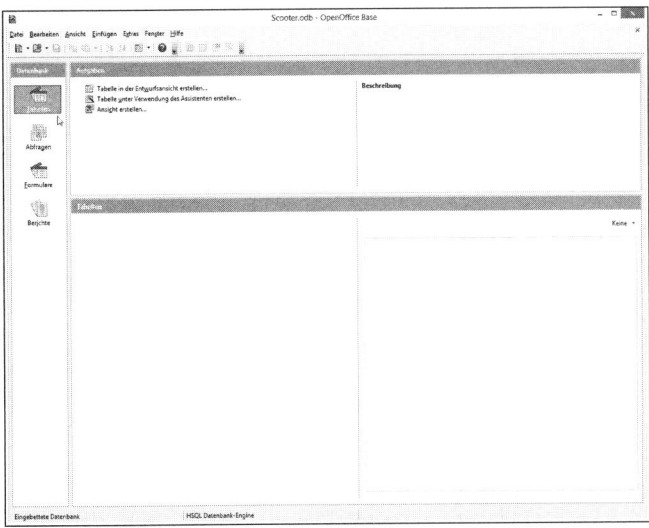

Abb. 4.5: Das Datenbankfenster

Adressen optimal verwalten

Tabellen

In einer Tabelle werden nun alle Daten zu einem bestimmten Thema erfasst. Beispielsweise werden Sie eine Tabelle *Adressen* mit allen relevanten Daten der potenziellen Kunden anlegen. Dabei gibt es für jeden Datensatz eine Zeile, deren Einteilung spaltenweise erfolgt.

Bedeutung von Tabellen

Mit Tabellen arbeiten Sie im Regelfall nur dann, wenn Sie eine Datenbank aufbauen und einen Überblick über die Struktur bekommen möchten. Ansonsten verwenden Sie übersichtliche Formulare, die dem jeweiligen Bearbeitungszweck angepasst sind und nur die Felder präsentieren, die bei Ihrer Arbeit gerade von Interesse und Bedeutung sind.

Ein kleines Unternehmen könnte also theoretisch einen Großteil der betriebsrelevanten Daten durchaus in einer Tabelle verwalten. So könnten die Personalabteilung, der Vertrieb und die Buchhaltung mit spezialisierten Formularen auf die für sie relevanten Datenfelder zugreifen. Wenngleich diese Vorgehensweise im Regelfall genügt, sollten Sie sie jedoch vermeiden, denn je größer Ihre Datenbank wird, umso langsamer wird die Arbeit. Große, komplizierte Datenbanken arbeiten schneller, wenn sie von Anfang an auf mehrere miteinander verknüpfte Tabellen mit jeweils vom Sinn her zusammengehörigen Daten aufgeteilt werden. Bevor Sie an die Erstellung einer Datenbank gehen, sollten Sie deshalb einige Vorüberlegungen zum Verwendungszweck und der voraussichtlichen Größe anstellen.

Das Gestalten einer Datenbank erfordert eine gewissenhafte Planung. Insbesondere muss man Folgendes vermeiden:

⇨ *Redundanzen*, darunter versteht man die Mehrfachspeicherung derselben Datensätze, und

⇨ *Inkonsistenzen*, die durch Differenzen in der Schreibweise beispielsweise von Namen (Mayer oder Meier) entstehen.

Die Arbeiten, die genau diese Probleme verhindern sollen, nennt man *Normalisierung*. Deshalb stellt man vor jedem Aufbau einer Datenbank folgende Überlegungen an:

⇨ Welche Daten (Informationen) sollen gespeichert werden?

⇨ In welche Tabellen werden die Daten aufgeteilt?

⇨ Welche Felder erhält jede Tabelle?

TIPP

Wenn Sie sich ausführlicher mit Datenbanken beschäftigen, werden Sie es noch mit *Beziehungen* zu tun haben, die es ermöglichen, bestimmte Aufgaben kurzerhand miteinander zu verknüpfen. Aus Platzgründen sind diese jedoch nicht Bestandteil dieses Buches.

Tabellen erstellen

Nun geht es aber ans Erstellen Ihrer ersten Tabelle.

Klicken Sie in der Leiste *Datenbank* auf den Eintrag *Tabelle* und dann unter *Aufgaben* auf *Tabelle unter Verwendung des Assistenten erstellen*.

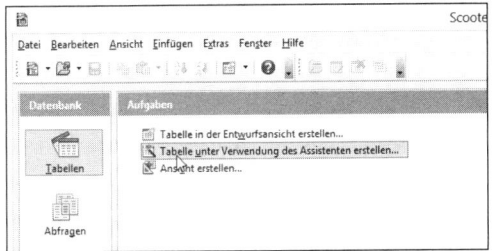

Abb. 4.6: Eine Tabelle mithilfe des Assistenten erstellen

Dadurch startet das Dialogfenster des Assistenten, welches Sie Schritt für Schritt durch die Erstellung leitet. Im ersten Fenster geht es um die Wahl einer Beispieltabelle mit den dazugehörigen relevanten Feldern.

Der Tabellen-Assistent ist in der Lage, Tabellen für nahezu jeden denkbaren Verwendungszweck zu erstellen – für geschäftliche ebenso wie für private Zwecke. Da wir eine Tabelle für die Verwaltung von Kundendaten erstellen möchten, lassen Sie die Option *Geschäftlich* aktiviert.

In der Liste *Beispieltabellen* finden Sie auch eine Tabelle für unsere Zwecke, Sie erkennen sie an dem Namen *Kunden*.

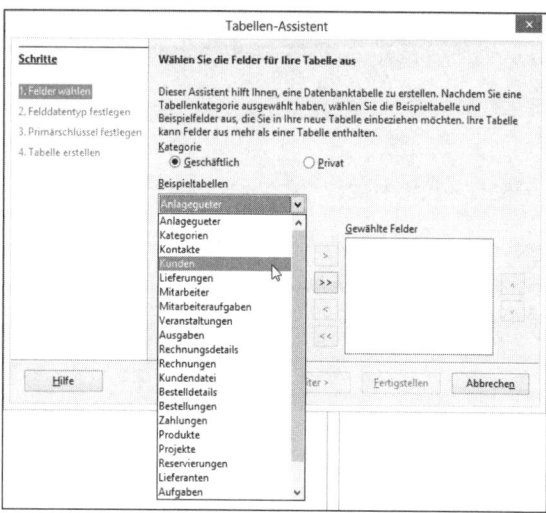

Abb. 4.7: Eine Kundentabelle erstellen

Aktivieren Sie diese Tabelle. Sofort erscheinen in der darunterliegenden Liste *Vorhandene Felder* sämtliche Felder, die man in eine solche Kundentabelle hineinpacken könnte.

Rechts finden Sie die Liste *Gewählte Felder*, die bislang noch leer ist. In diese Liste werden Sie im Folgenden die Felder einfügen, die Sie in Ihrer Kundentabelle verwenden möchten. Dazu bedienen Sie sich der vier Schaltflächen zwischen den beiden Listen. Markieren Sie ein Feld im Bereich *Vorhandene Felder* und klicken Sie auf die Schaltfläche mit dem Pfeil (>), um das Feld als erstes Feld der neuen Tabelle zu übernehmen. Mit der Schaltfläche >> könnten Sie alle Beispielfelder auf einmal übernehmen. Klicken Sie dagegen < an, dann nimmt Base Felder, die Sie versehentlich in die neue Tabelle übernommen haben und die markiert sind, wieder zurück. Der Doppelpfeil << macht die komplette Feldauswahl wieder rückgängig.

Alternativ dazu können Sie ein Feld durch Doppelklick auswählen und auch wieder aus dem Bereich entfernen.

Wählen Sie nun folgende Felder aus:

⇨ *Adresse*

⇨ *Ort*

⇨ *KundenID*

⇨ *eMail*

⇨ *Vorname*

⇨ *Nachname*

⇨ *Postleitzahl*

⇨ *Anmerkung*

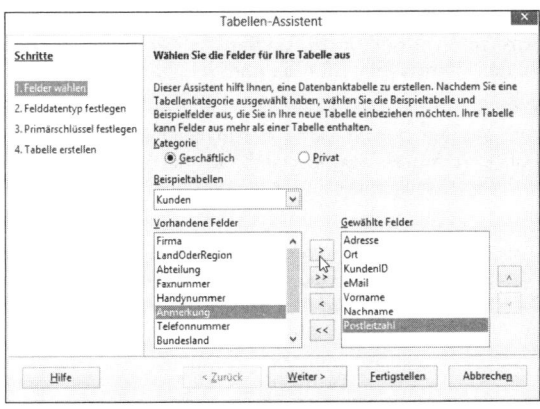

Abb. 4.8: Die Felder übernehmen

Sagt Ihnen die Reihenfolge (die im Übrigen bei einer Datenbanktabelle keine Rolle spielt) nicht zu, können Sie die Felder mithilfe der beiden Schaltflächen am rechten Rand in die gewünschte Reihenfolge bringen.

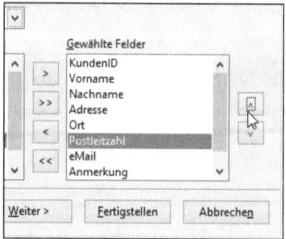

Abb. 4.9: Die Felder in die gewünschte Reihenfolge bringen

Passt alles, klicken Sie auf *Weiter*.

Im folgenden Schritt könnten Sie auf die Felddatentypen Einfluss nehmen.

Belassen Sie es – mit zwei Ausnahmen – bei den Voreinstellungen.

Das Feld *KundenID* soll *InteressentenID* lauten und das Feld *Anmerkung* wird so nicht gebraucht, sondern soll Auskunft über das Geschlecht des Interessenten (für die Anrede) geben.

Markieren Sie in der Liste *Gewählte Felder* das Feld *KundenID* und überschreiben Sie den Vorgabewert im Feld *Feldname* mit InteressentenID. Verfahren Sie anschließend mit dem Feld *Anmerkung* ebenso, indem Sie es mit Geschlecht überschreiben (siehe Abbildung 4.10).

Stellen Sie die restlichen *Feldinformationen* wie in der folgenden Abbildung ersichtlich ein. Im Feld *Eingabe erforderlich* belassen Sie es aus Übungszwecken beim Eintrag *Nein*. In diesem Fall muss das Feld nicht bestückt werden (siehe Abbildung 4.11).

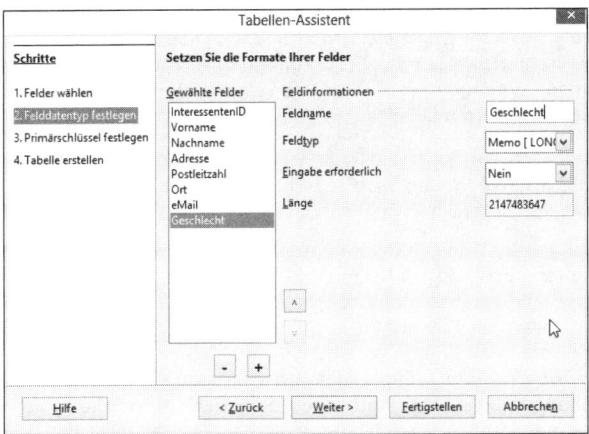

Abb. 4.10: Einen Feldnamen ändern

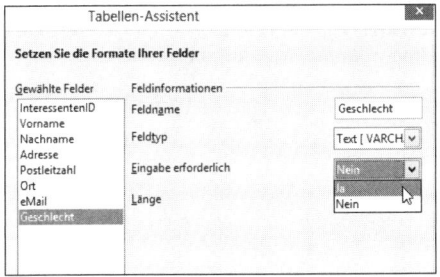

Abb. 4.11: Die Eingabeerforderlichkeit einstellen

> **TIPP**
>
> Das Verändern der Feldinformationen setzt einiges an Datenbankwissen voraus, da Veränderungen an diesen Einstellungen bedeutsame Folgen haben können. Möchten Sie beispielsweise, dass ein bestimmtes Feld in jedem Fall ausgefüllt wird, müssen

> Sie in der Liste *Eingabe erforderlich* die Option *Ja* wählen. Wegen
> der begrenzten Seitenzahl kann hier leider nicht auf alle Einstel-
> lungen eingegangen werden, weiterführende Informationen er-
> halten Sie in der Hilfe.

Ist das erledigt, haben Sie hier nichts weiter zu tun, als abermals auf *Weiter* zu klicken.

Im folgenden Schritt geht es um eine bedeutsame Einstellung: den *Primärschlüssel*, der in keiner Tabelle fehlen sollte, die später Verbindung zu anderen aufnimmt, und der unter Base eine erhebliche Rolle spielt. Ein Primärschlüssel ist ein Kennzeichen, mit dem jeder Datensatz in Ihrer Tabelle eindeutig identifiziert werden kann. Für eine Tabelle mit den Stammdaten der Kunden eignet sich dabei die Kundennummer hervorragend als Primärschlüssel. Dieser besteht aus einer fortlaufenden Nummer und so besteht nicht die Gefahr, dass es eine Kundennummer ein zweites Mal gibt.

Jeder Datensatz in einer Datenbanktabelle muss vom Datenbankprogramm eindeutig identifiziert werden können. Zu diesem Zweck wird im einfachsten Fall ein Feld zum Primärschlüssel erklärt, dessen Inhalt diese Bedingung erklärtermaßen erfüllen muss.

Abb. 4.12: Den Primärschlüssel setzen

In einer Kundendatenbank, wie in unserem Beispiel, trifft das auf das Feld *InteressentenID* zu.

Wählen Sie folglich die Option *Ein bestehendes Feld wird als Primärschlüssel verwendet* und stellen Sie über die Liste *Feldname* den Wert *InteressentenID* ein.

Zusätzlich sollten Sie noch das Kontrollkästchen *Autowert* aktivieren. Base vergibt dann automatisch einen Wert, sodass Sie nicht darauf achten müssen, ob dieser schon einmal vergeben wurde.

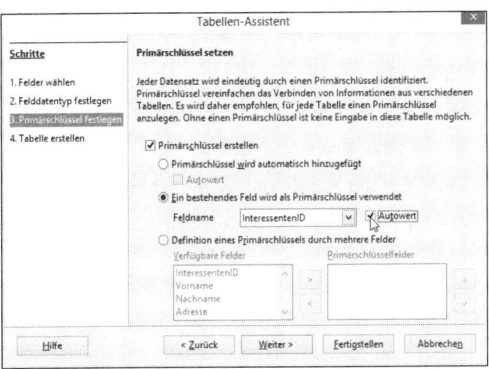

Abb. 4.13: Einem bestimmten Feld den Primärschlüssel zuordnen

TIPP

Sind Sie am Anfang unsicher, welches Feld als Primärschlüssel verwendet werden kann, belassen Sie einfach die Option *Primärschlüssel wird automatisch hinzugefügt* aktiviert.

Und wieder geht es mit *Weiter* zum nächsten Schritt.

Hier fragt Sie der Tabellen-Assistent dann nach einem Namen für die neue Tabelle.

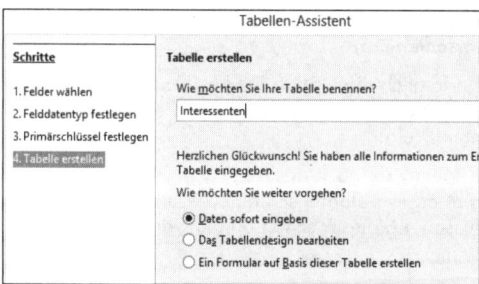

Abb. 4.14: Der letzte Schritt

Die Vorgabe *Kunden* ist ein wenig zu ungenau, also schreiben Sie zum Beispiel Interessenten.

Ferner haben Sie nun die Wahl, ob Sie

⇨ direkt Daten in die Tabelle eingeben wollen oder

⇨ den Entwurf der Tabelle nachträglich ändern möchten, indem Sie zum Beispiel Felder hinzufügen, löschen oder umbenennen, oder

⇨ ein Formular erstellen wollen, das eine komfortable Eingabe der Daten in die Tabelle erlaubt.

Lassen Sie den Vorschlag des Assistenten hier zunächst unverändert und klicken Sie auf *Fertigstellen*.

Nach einer kurzen Weile präsentiert Ihnen Base die folgende Tabelle:

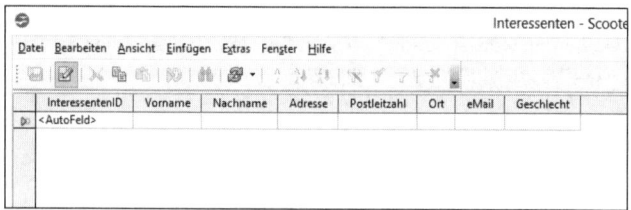

Abb. 4.15: Es kann losgehen

Die Tabelle wird – mit den Feldnamen als Spaltenüberschriften – in der Datenblattansicht angezeigt und Sie könnten jetzt entsprechende Daten eingeben.

Datensätze eingeben

Sie haben nun eine Tabelle erstellt und es wird Zeit, dass sie mit Leben, sprich Daten, gefüllt wird.

Wie Sie sicherlich bemerken, befindet sich die Einfügemarke bereits in der ersten Tabellenzeile. Die Datensätze werden zeilenweise eingegeben, sodass sich die Daten eines jeweiligen Interessenten in einer Zeile befinden. Mit der ⇥-Taste bewegen Sie sich innerhalb einer Zeile vorwärts und, wenn Sie zusätzlich die ⇧-Taste gedrückt halten, rückwärts. Zusätzlich können Sie sich auch mit den entsprechenden Pfeiltasten durch die Felder bewegen. Haben Sie eine Zeile abgeschlossen, setzt ein weiterer Klick auf die ⇥-Taste den Cursor in die nächste Zeile. Alternativ können Sie eine neue Tabellenzeile auch mit einem Mausklick aktivieren.

Beim ersten Feld, *InteressentenID*, müssen Sie nichts eintragen, sondern betätigen gleich die ⇥-Taste.

Im folgenden Feld tragen Sie dann den ersten Wert, also Kevin, *ein und betätigen abermals die* ⇥-*Taste.*

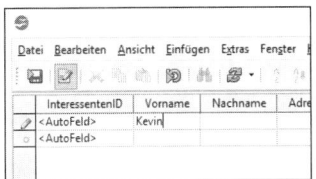

Abb. 4.16: Der erste eigene Eintrag

Tragen Sie dann die restlichen Felder entsprechend den folgenden Vorgaben ein:

Adressen optimal verwalten

Nachname	Klein
Adresse	Kayweh 1
Postleitzahl	80676
Ort	München
eMail	K.Klein@t-online.de
Geschlecht	m

Tab. 4.1: Beispieldatensatz erster Interessent

Betätigen Sie zum Schluss noch einmal die ⏎-Taste, wodurch eine neue Zeile eingefügt wird.

Stört es Sie, dass Sie bei einigen Feldern nur einen Teil des Inhalts sehen? Dann ziehen Sie mit gedrückter Maustaste die Spaltentrennlinie nach rechts.

Abb. 4.17: Eine Spalte verbreitern

Da Sie bei der Definition der Feldeigenschaften des Felds *InteressentenID* das Kontrollkästchen *Autowert* aktiviert hatten, zählt Base die Datensätze automatisch durch (was man am Eintrag *AutoFeld* erkennt), sodass Sie in diesem Fall mit der ⏎-*Taste* sofort zum nächsten Feld wechseln könnten.

Damit sind alle Daten unseres ersten Interessenten erfasst.

Mit der Tabulatortaste springen Sie in das zweite Feld der zweiten Zeile. Betätigen Sie zweimal die ⏎-Taste, um in das Feld *Vorname* zu gelangen. Geben den Datensatz wie in der folgenden Abbildung ersichtlich ein.

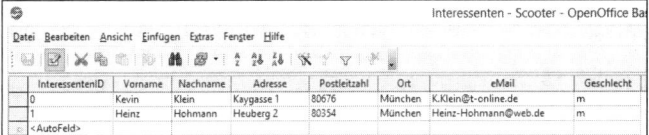

Abb. 4.18: Der zweite Datensatz

Nachdem Sie im letzten Feld wieder die ⏎-Taste betätigt haben, sehen Sie auch die von Base vergebene automatische Nummer im Feld *InteressentenID*.

Tragen Sie auf die gezeigte Art und Weise noch ein paar weitere Datensätze ein (Sie können die aus der folgenden Abbildung nehmen).

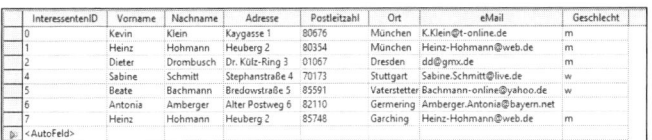

Abb. 4.19: Die restlichen Datensätze

Schließen Sie die Tabelle zunächst mit einem Klick auf das *Schließen*-Feld.

Im Folgenden soll noch eine kleine Änderung vorgenommen werden. Konkret soll in einem Datensatz das Geschlecht weggelassen werden, da im folgenden Kapitel auf diese Besonderheit eingegangen wird.

Tabelle schließen und erneut öffnen

Irgendwann werden Ihre Arbeiten abgeschlossen sein und Sie möchten die Tabelle schließen.

Nichts einfacher als das: Wählen Sie einfach die Menüfolge *Datei / Schließen* und schon befinden Sie sich wieder im Datenbankfenster.

> **TIPP**
>
> Schneller geht es auch hier mit der Tastenkombination + W.

Möchten Sie an dieser Tabelle weiterarbeiten, genügt ein Doppelklick auf die Bezeichnung und schon können Sie weitermachen.

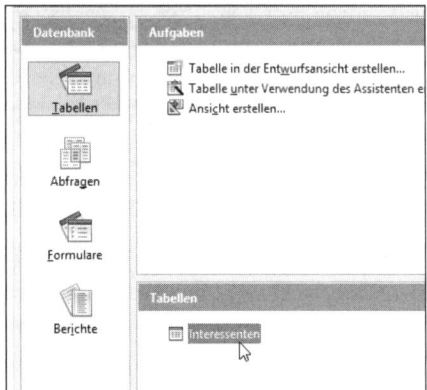

Abb. 4.20: Die fertige Tabelle im Datenbankfenster

Öffnen Sie die Tabelle auf die gezeigte Weise und entfernen Sie im letzten Datensatz die Angabe des Geschlechts.

Bei Schließen müssen Sie noch darauf achten, die Änderungen abzuspeichern.

Formulare

Daten werden – wie dargestellt – in Base standardmäßig in Tabellen verwaltet. Direktes Arbeiten mit einer Tabelle empfiehlt sich jedoch nur dann, wenn Sie mehrere Datensätze gleichzeitig einsehen möchten, um sich einen Überblick über den gesamten Datenbestand zu verschaffen.

Bedeutung von Formularen

Ein *Formular* stellt demgegenüber die Daten eines Datensatzes, also zum Beispiel die eines Kunden, eines Produkts oder einer Rechnung, in übersichtlicher Form zusammen. Die Anordnung können Sie im Formularentwurf frei bestimmen. Außerdem gibt es Formulare, die in sich Daten aus mehreren Tabellen zusammenführen. So können Sie in einem Formular beispielsweise sowohl die Adresse des Kunden als auch nähere Informationen zu einem gelieferten Produkt einsehen, auch wenn diese Daten aus verschiedenen Tabellen stammen

Formulare eignen sich besonders zum Erfassen und Ändern von Datensätzen in bestehenden Datenbanken.

Formulare erstellen

Um ein solches Formular zu erstellen, klicken Sie im Bereich *Datenbank* auf den Eintrag *Formulare*.

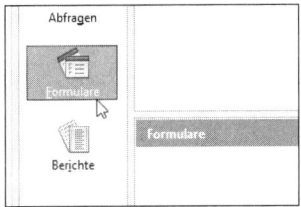

Abb. 4.21: Zu den Formularen wechseln

Klicken Sie dann auf den Eintrag *Formular unter Verwendung des Assistenten erstellen*, um ein Formular zu entwerfen.

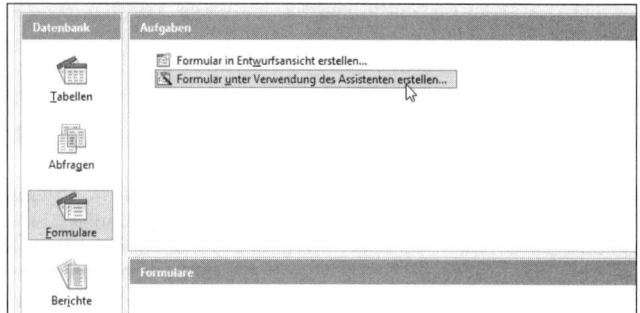

Abb. 4.22: Ein Formular erstellen

Es erscheint das folgende Fenster, in dem es um die Auswahl der Datenfelder geht, die in das Formular aufgenommen werden sollen.

Die Tabelle müssen Sie nicht im Feld *Tabellen und Abfragen* auswählen, denn Sie haben bislang nur eine erstellt.

Klicken Sie auf den Doppelpfeil >>, um alle Felder in das Formular zu übernehmen.

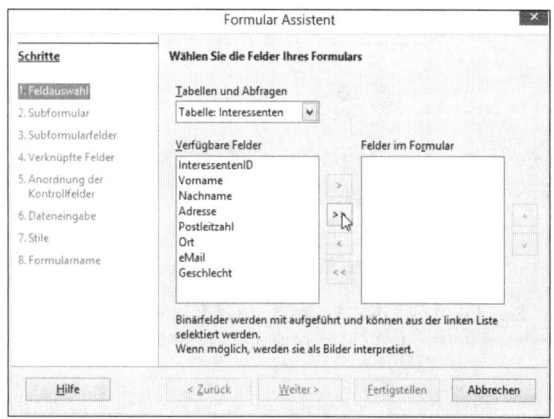

Abb. 4.23: Wählen Sie die Felder aus

Klicken Sie dann auf *Weiter*.

Da kein Subformular erstellt werden soll, können die nächsten drei Schritte übersprungen werden.

Ein Subformular benötigt eine weitere Tabelle und eine Beziehung zwischen den beiden. Das Erstellen von Beziehungen wird in diesem Buch aus Platzgründen nicht behandelt.

Im folgenden relevanten Schritt geht es um die Anordnung der Felder auf dem Formular. Kurz gesagt: Sie können hier die Darstellungsform der Daten bestimmen.

Wählen Sie dazu einfach eine der Varianten mit der Maus aus und betrachten Sie sogleich die Auswirkung im Hintergrund.

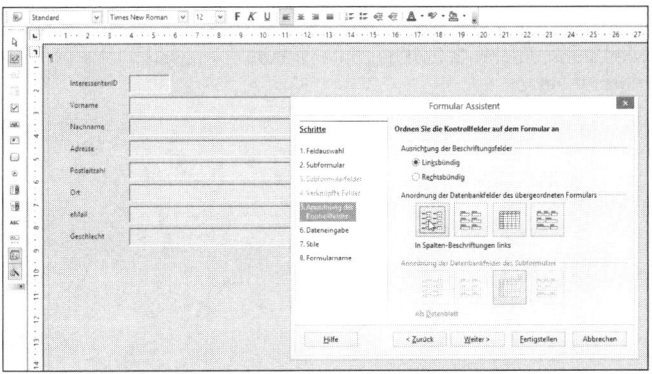

Abb. 4.24: Die Darstellungsform wählen

Nachdem Sie auf *Weiter* geklickt haben, können Sie beispielsweise bestimmen, ob weitere Daten über das Formular in die Tabelle eingefügt werden dürfen oder ob das Formular nur zum Betrachten derselben dient.

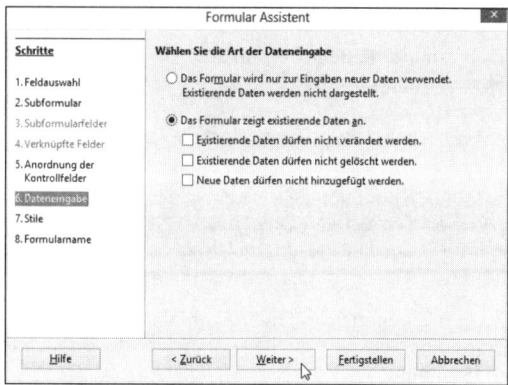

Abb. 4.25: Die Art der Dateneingabe festlegen

Belassen Sie es bei dem Vorgabewert und wechseln Sie mit *Weiter* in den nächsten Schritt.

In diesem legen Sie das Aussehen des Hintergrundes fest. Zur Auswahl stehen mehrere farbige Hintergründe sowie verschiedene Feldumrandungen.

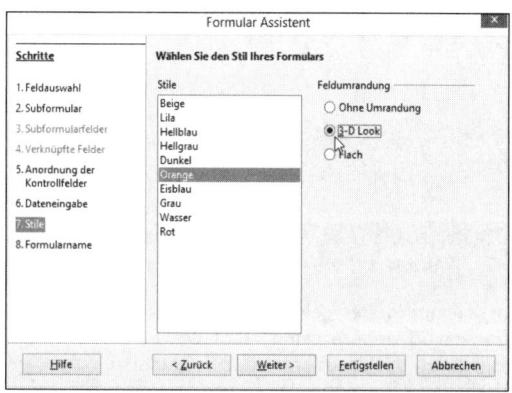

Abb. 4.26: Welche Farbe soll der Hintergrund haben?

Wenn Sie Ihre Wahl getroffen haben, klicken Sie auf *Weiter*.

Nun werden Sie aufgefordert, einen Titel für das Formular einzugeben. Hier können Sie zum Beispiel die Eingabe *Interessenten* übernehmen oder im Bedarfsfall einen anderen Namen vergeben.

Die Formularerstellung ist damit abgeschlossen. Wählen Sie nun nur noch die Vorgabe *Mit dem Formular arbeiten* und klicken Sie dann auf die Schaltfläche *Fertigstellen*.

Der Assistent arbeitet nun fleißig im Hintergrund und nur wenig später erscheint das Formular auf Ihrem Bildschirm.

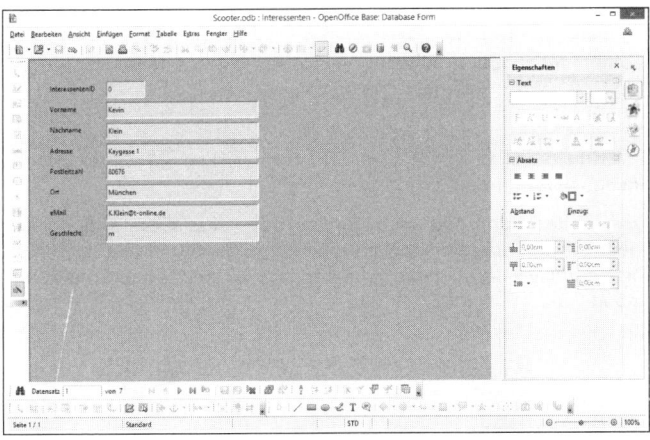

Abb. 4.27: Das fertige Formular in voller Pracht

Die Datensätze, die Sie zuvor in die Tabelle eingegeben haben, können Sie sich nun in dem Formular datensatzweise anzeigen lassen.

Klicken Sie auf die Schaltfläche *Nächster Datensatz*, um sich die Datensätze nach und nach anzeigen zu lassen.

Abb. 4.28: Navigieren im Formular

Nachdem Sie am Ende angelangt sind, wird ein leerer Datensatz angezeigt, den Sie gleich bestücken können. Alternativ können Sie das aber auch über die Schaltfläche mit dem Sternchen tun.

> **TIPP**
>
> Geben Sie an dieser Stelle ruhig einmal ein paar Daten ein und öffnen Sie dann die Tabelle. Wie Sie sehen, wird der hinzugefügte Datensatz an die Tabelle angehängt.

Soll ein Datensatz gelöscht werden, dann klicken Sie auf die Schaltfläche mit dem roten X (*Datensatz löschen*).

Sie erhalten dann den wichtigen Hinweis, dass diese Aktion nicht wieder rückgängig gemacht werden kann. Benötigen Sie nach dem Klicken auf *Ja* den Datensatz dennoch, müssen Sie ihn erneut eingeben.

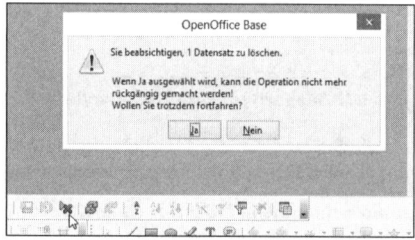

Abb. 4.29: Überlegen Sie sich das gut!

Das Formular schließen Sie auf die gleiche Art und Weise wie die Tabelle, also über das Menü *Datei / Schließen* oder schneller mit + .

Formulare bearbeiten

Nicht immer wird ein mithilfe des Assistenten erstelltes Formular Ihren Vorstellungen entsprechen. Im Folgenden werden Sie sehen, wie Sie den Formularentwurf überarbeiten können.

Zunächst müssen Sie im Datenbankfenster das betreffende Formular mit der rechten Maustaste anklicken und im Kontextmenü den Menüpunkt *Bearbeiten* aufrufen.

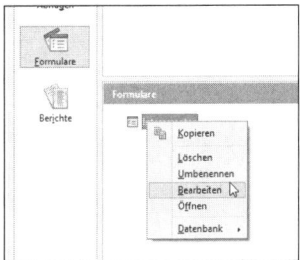

Abb. 4.30: Ein Formular bearbeiten

OpenOffice öffnet das Formular im Bearbeitungsmodus und Sie können die gewünschten Änderungen vornehmen.

Beispielsweise lassen sich nun die Datenfelder über die kleinen quadratischen Anfasser auf eine angemessene Größe trimmen. Dazu müssen Sie lediglich auf eines der kleinen Ziehquadrate klicken und es mit gedrückter Maustaste in die gewünschte Richtung ziehen.

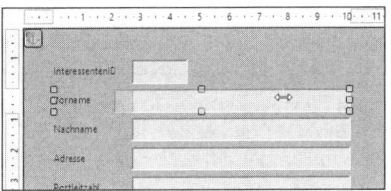

Abb. 4.31: Ein Datenfeld anpassen

> **TIPP**
>
> Probieren Sie ruhig ein wenig herum. Hilfreich ist es, wenn Sie auf das betreffende Objekt klicken und das Kontextmenü einmal genauer studieren.

Anschließend zeigen Sie auf das Feld und wenn der Mauszeiger die Form eines Vierfachpfeils annimmt, schieben Sie das Feld an die vorgesehene Stelle.

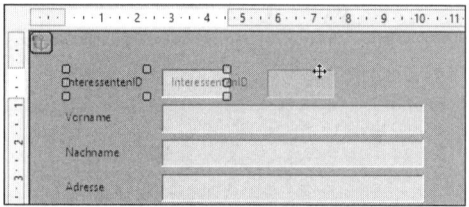

Abb. 4.32: Ein Feld verschieben

Berichte

Möchten Sie die eingegebenen Daten anderen Menschen zeigen, können Sie sie in einem sogenannten *Bericht* ausdrucken.

Einen Bericht können Sie wieder rasch mithilfe eines Assistenten erstellen, wobei die Schritte denen der Formularerstellung ähneln (siehe Abbildung 4.33).

Klicken Sie also auf *Bericht unter Verwendung des Assistenten erstellen* und folgen Sie wieder den einzelnen Schritten der Dialogfenster.

Nachdem Sie diese durchlaufen haben, erhalten Sie einen Bericht in der Seitenansicht gezeigt und können ihn sofort auf Ihrem Drucker ausgeben (siehe Abbildung 4.34).

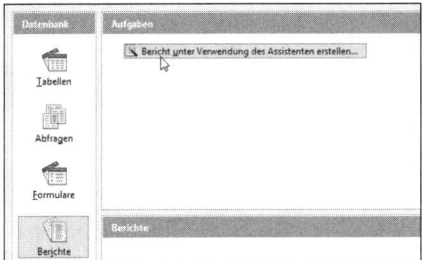

Abb. 4.33: Einen Bericht erstellen

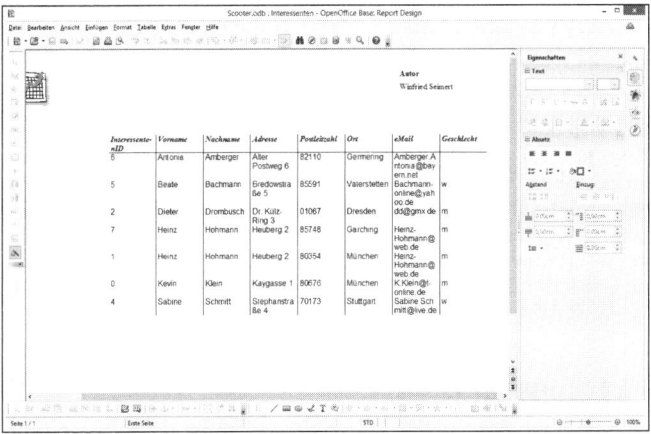

Abb. 4.34: Ein fertiger Bericht bereit zum Ausdrucken

Der Bericht wird auf die gleiche Art und Weise wie eine Tabelle oder ein Formular geschlossen.

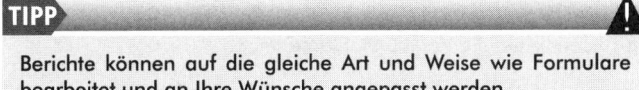

Berichte können auf die gleiche Art und Weise wie Formulare bearbeitet und an Ihre Wünsche angepasst werden.

Adressen optimal verwalten

Abfragen

Abfragen spielen bei einer Datenbank eine ganz besondere Rolle.

Bedeutung von Abfragen

Einer der wesentlichsten Vorteile einer Datenbank besteht darin, dass sie flexibel ist, wenn es darum geht, Daten zu sortieren oder nach bestimmten Kriterien zu selektieren. Suchen Sie in einem alphabetisch nach Namen aufgebauten Karteikasten zum Beispiel nach allen Interessenten aus München, so brauchen Sie eine ganze Weile dafür. In einer Datenbank hingegen filtern Sie alle Daten, die dieses Kriterium erfüllen, schnell heraus, indem Sie – vereinfacht gesagt – eine Frage stellen: Welche Interessenten kommen aus München? Eine solche Selektion, die sich nach außen hin wie eine neue spezialisierte Untertabelle präsentiert, nennt man Abfrage.

Das Ergebnis einer solchen Abfrage wird als *Recordset* bezeichnet. Ganz konkret wird der *Recordset* in unserem Beispiel alle Münchner Interessenten enthalten. Die Daten in einem *Recordset* sind dabei immer auf dem neuesten Stand. Eine einmal so definierte Abfrage kann gespeichert und immer wieder aufgerufen werden. Ändern Sie in dieser Ergebnistabelle etwa die Anschrift eines Interessenten, so aktualisiert Base die jeweilige Adresse automatisch auch in der Ursprungstabelle.

Abfragen erstellen

Eine Abfrage erstellen Sie ebenfalls am schnellsten mit dem Assistenten.

Klicken Sie im Bereich *Datenbank* auf den Eintrag *Abfragen* und dann auf *Abfrage unter Verwendung des Assistenten erstellen*.

Ähnlich wie bei der Erstellung des Formulars bzw. Berichts müssen Sie jetzt wieder eine Reihe an Fragen beantworten. Dabei können Sie im Wesentlichen die Vorgaben übernehmen.

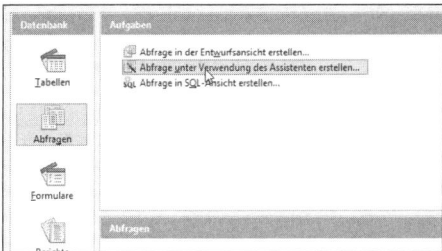

Abb. 4.35: Eine Abfrage mithilfe des Assistenten erstellen

Allerdings gilt es bei Schritt 3 eine wichtige Angabe zu machen. Da in unserem Fall nur die Münchner Interessenten angezeigt werden sollen, müssen Sie in der Liste *Felder* eben den Ort (Sie finden ihn unter *Interessenten.Ort*) auswählen.

Die Anzeige dieses Felds muss auf die besagten Interessenten eingeschränkt werden, sodass Sie in das Feld *Wert* München eingeben müssen. Im Feld *Bedingung* bleibt es bei der Vorgabe, da es ja genau das ist, was Sie wollen.

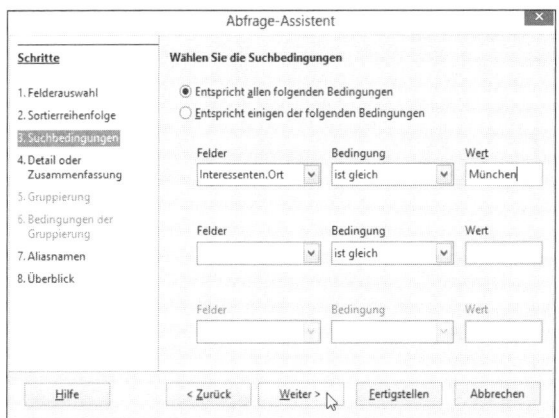

Abb. 4.36: Auf diesen Schritt kommt es an

Die weiteren Schritte können Sie nun mit den Vorgaben durchlaufen und erhalten zum Schluss gleich das Ergebnis der Abfrage in Tabellenform präsentiert.

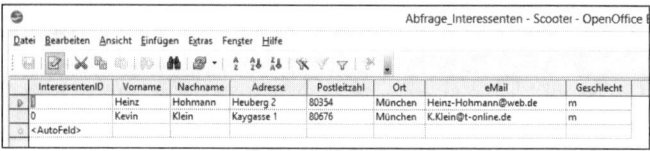

Abb. 4.37: Die fertige Abfrage

5 Büro perfekt: Serienbriefe

Ziel

⇨ Serienbriefe mit Writer und Base zu erstellen

Schritte zum Erfolg

⇨ Arbeitsweise von Serienbriefen verstehen
⇨ Einen Serienbrief mit dem Serienbrief-Assistenten anlegen

Bislang haben Sie stets mit einem Programmmodul von OpenOffice gearbeitet. Im folgenden Kapitel werden Sie sehen, wie bei der Serienbrieferstellung die Kooperation zweier Module, *Writer* und *Base*, funktioniert.

Serienbriefe

Serienbriefe bestehen aus zwei Dokumenten: einem Briefgerüst – von Writer *Ausgangsdokument* genannt – und Empfängerfeldern, die aus einer sogenannten *Datenquelle* übernommen werden, welche aus einer Writer-, Calc- oder Base-Tabelle stammen kann. Beim Seriendruck werden die Daten dann aus der Datenquelle entnommen und mit dem Hauptdokument verbunden, wobei die entsprechenden Platzhalter beim Ausführen ausgefüllt werden.

Serienbriefe werden in Writer dialoggesteuert erstellt. Sie müssen lediglich ein paar Fragen beantworten, um zum Ergebnis zu kommen.

Die Motorroller GmbH möchte ein Angebot an alle bislang bekannten Interessenten verschicken.

Der Serienbrief-Assistent

Starten Sie Writer bzw. klicken Sie im *Start Center* auf die Schaltfläche *Textdokument*.

Um den Serienbrief-Assistenten zu starten, klicken Sie auf das Menü *Extras* und wählen den Eintrag *Serienbrief-Assistent* aus.

Der Assistent startet und zeigt Ihnen in seinem ersten Dialogfenster, dass Sie eine Reihe an Schritten zu durchlaufen haben.

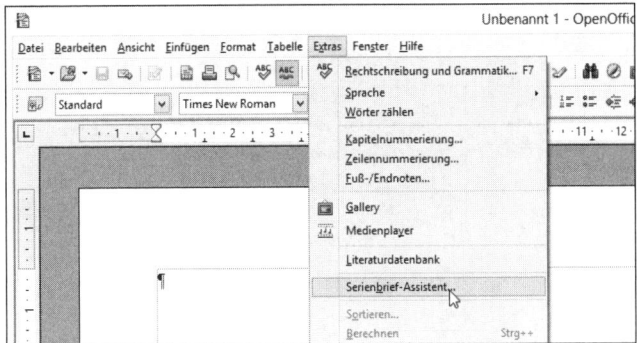

Abb. 5.1: Ausgangspunkt der Arbeiten

1. Schritt: Das Ausgangsdokument

Zunächst geht es einmal darum, welches Ausgangsdokument Sie verwenden möchten.

Haben Sie bereits ein bestehendes Dokument geöffnet und möchten es zum Serienbrief umbauen, dann belassen Sie es bei der Vorgabe *Aktuelles Dokument verwenden* (siehe Abbildung 5.2).

Möchten Sie von Grund auf neu beginnen, dann ist *Neues Dokument erstellen* die richtige Wahl.

Haben Sie in Writer bereits ein Dokument gestaltet, das Sie nun verwenden möchten, dann ist *Bestehendes Dokument verwenden* die richtige Wahl.

In unserem Fall möchten wir die Briefvorlage aus Kapitel 3 verwenden. Deshalb aktivieren Sie die Option *Vorlage verwenden* (siehe Abbildung 5.3).

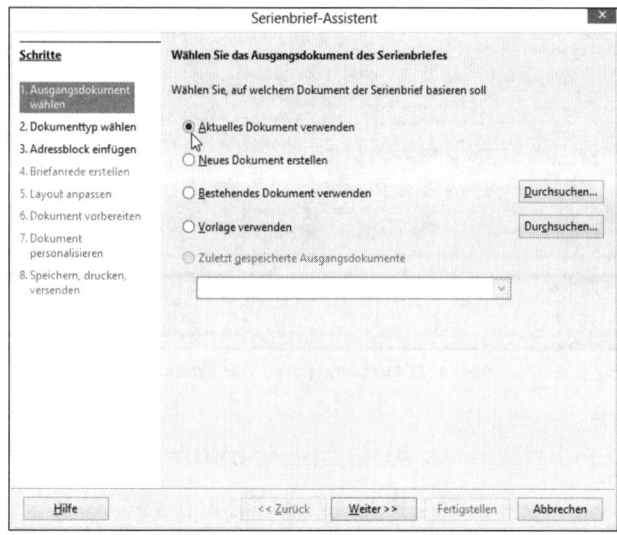

Abb. 5.2: Was ist Ihr Ausgangsdokument?

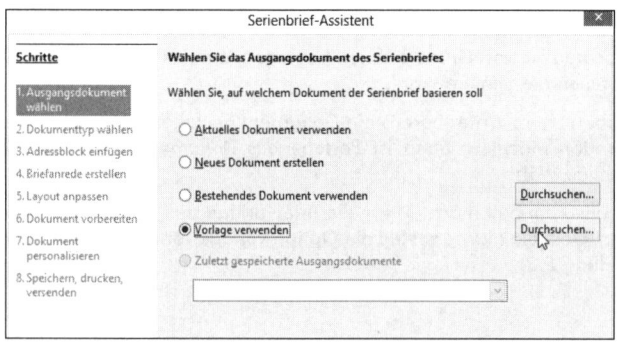

Abb. 5.3: Eine vorhandene Vorlage verwenden

Um aus den vorhandenen Vorlagen die benötigte auszuwählen, klicken Sie anschließend auf die Schaltfläche *Durchsuchen*.

Im folgenden Dialogfenster *Neu* können Sie nun auf der linken Seite den Bereich und auf der rechten Seite die gewünschte Vorlage auswählen.

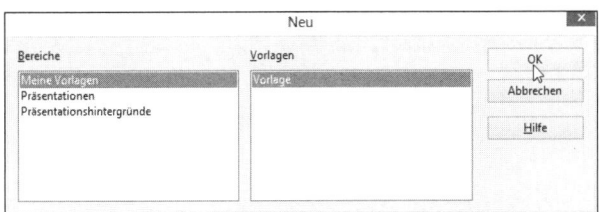

Abb. 5.4: Wählen Sie Ihre Vorlage

> **TIPP**
>
> Ihre Vorlagen werden Sie an dieser Stelle nur finden, wenn Sie diese – wie in Kapitel 3 gezeigt – in die Vorlagenverwaltung eingebunden haben.

In unserem Beispiel wählen Sie die Vorlage mit dem Geschäftsbrief aus und bestätigen mit *OK*.

Nun wird die Schaltfläche *Weiter* aktiviert und Sie können mit einem Klick darauf ins nächste Dialogfenster gelangen.

2. Schritt: Der Dokumenttyp

In diesem Schritt geht es darum, welchen Dokumenttyp Sie erstellen möchten.

Zwar ist im Zeitalter des Internets auch der Versand als E-Mail-Nachricht möglich, doch in unserem Beispiel soll das Angebot mit der herkömmlichen Post verschickt werden.

Belassen Sie es deshalb bei der Vorgabe *Brief*.

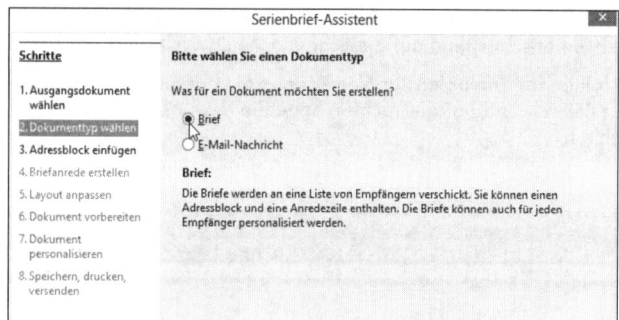

Abb. 5.5: Wie wird der Serienbrief verschickt?

Mit *Weiter* gelangen Sie zu den Einstellungen für den Adressblock.

3. Schritt: Der Adressblock

Zunächst müssen Sie Writer mitteilen, aus welcher Adressenliste die Daten für den Brief bezogen werden. Hier kommt nun Base ins Spiel.

Klicken Sie dazu im Bereich *Adressblock einfügen* auf die Schaltfläche *Adressenliste auswählen*.

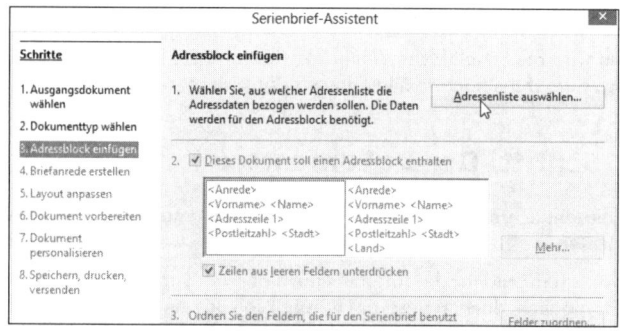

Abb. 5.6: Den Adressblock einfügen

In diesem Fenster müssen Sie die gewünschte Adressenliste auswählen.

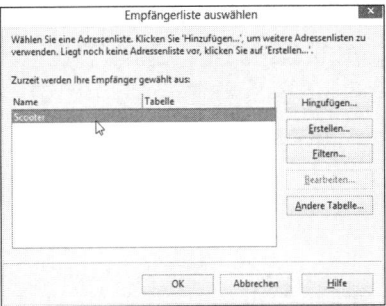

Abb. 5.7: Verbinden Sie die Datenbankdatei mit Writer

> **TIPP**
>
> Befindet sie sich nicht in der Liste, betätigen Sie die Schaltfläche *Hinzufügen* und stellen über das Dialogfenster *Öffnen* den Speicherort der Datenbankdatei – in unserem Beispiel *Interessenten.odb* – ein.

Nachdem Sie die Datei ausgewählt haben, müssen Sie angeben, welche Tabelle oder Abfrage der Datenbank Sie verwenden möchten.

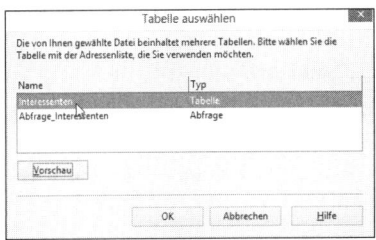

Abb. 5.8: Wo befinden sich die gewünschten Adressen?

Markieren Sie die gewünschte und bestätigen Sie mit OK. Daraufhin befindet sie sich in der Empfängerliste.

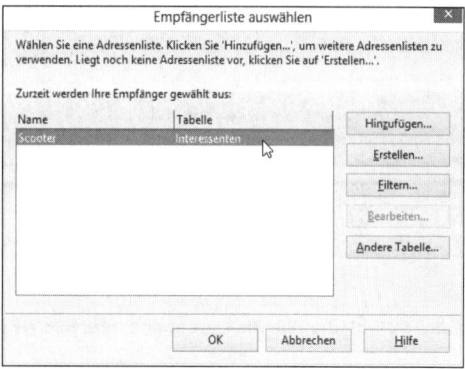

Abb. 5.9: Die Liste enthält die nun notwendigen Angaben

Schließen Sie dieses Fenster mit OK.

Alsdann geht es darum, welchen Adressblock das Dokument erhalten soll.

Writer listet Ihnen zwei Beispiele auf, die Sie per Mausklick übernehmen können. Das Ergebnis sehen Sie im untersten Feld angezeigt (siehe Abbildung 5.10).

Dies dürfte jedoch noch nicht überzeugen, da einige Felder noch nicht zugewiesen sind und der Aufbau nicht den gängigen Anforderungen entspricht.

Deshalb müssen wir uns an die eigene Gestaltung machen und die Schaltfläche *Mehr* betätigen.

Im folgenden Dialogfenster ist die Auswahl zwar größer, aber es passt immer noch nicht so recht.

Deshalb gestalten wir das Anschriftenfeld selbst und klicken auf *Neu* (siehe Abbildung 5.11).

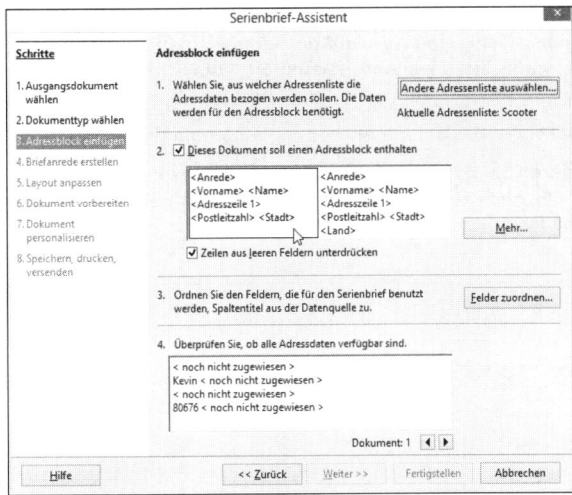

Abb. 5.10: Die Wahl des Adressblocks

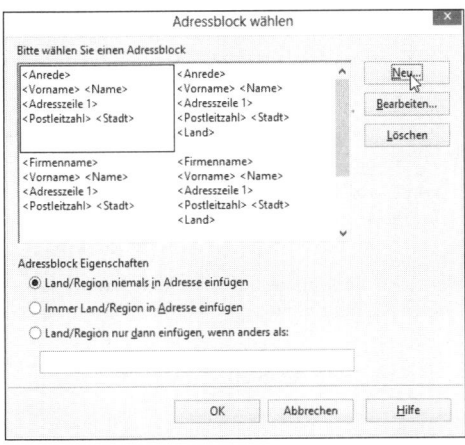

Abb. 5.11: Mehr Auswahl, aber es passt noch nicht

In dem folgenden Dialogfenster *Neuer Adressblock* finden Sie auf der linken Seite eine Auswahl an Adresselementen. Verzweifeln Sie nicht, wenn Sie die Ihnen bekannten Namen nicht finden. Dieses „Problem" werden wir im Anschluss lösen.

Zunächst geht es um die Anordnung innerhalb des Adressfelds.

Markieren Sie das Adresselement *Vorname* und befördern Sie es mithilfe des nach rechts weisenden Pfeils in das Feld *In Adresse übernehmen*.

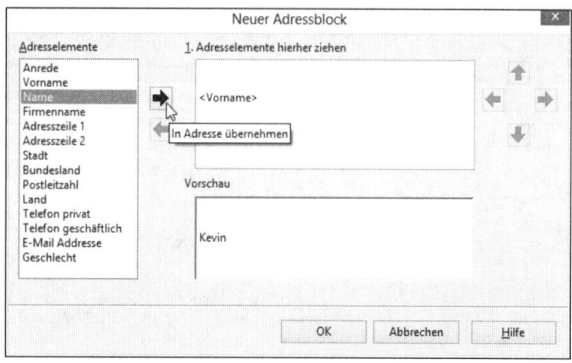

Abb. 5.12: Den Adressblock gestalten

Klicken Sie mit der Maus auf das Adresselement *Name* und fügen Sie es ebenfalls ein.

Darunter setzen Sie das Element *Adresszeile 1*. Belassen Sie dieses nach dem Einfügen markiert und klicken Sie auf die Schaltfläche *Nach unten*, um es an die richtige Stelle zu befördern.

Verfahren Sie anschließend ebenso mit den Elementen *Postleitzahl* und *Stadt*. Die Leerzeichen erzeugen Sie mithilfe der Pfeilschaltfläche *Nach rechts*.

Mit *OK* beenden Sie diese Arbeiten.

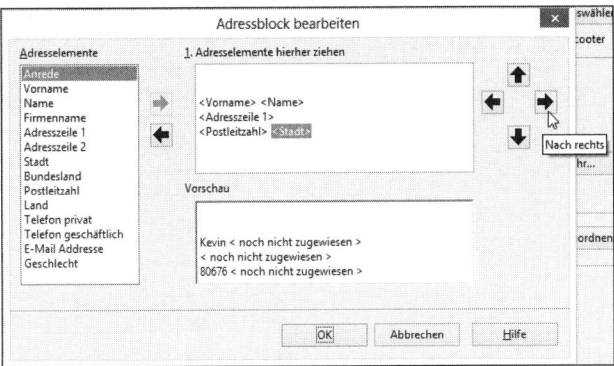

Abb. 5.13: So sollte es jetzt aussehen

Gleichfalls schließen Sie mit OK das Dialogfenster *Adressblock bearbeiten*.

Zurück im Ausgangsfenster müssen Sie nun diesen Feldern die Spaltentitel aus Ihrer Datenbank zuordnen.

Dazu klicken Sie auf die Schaltfläche *Felder zuordnen*.

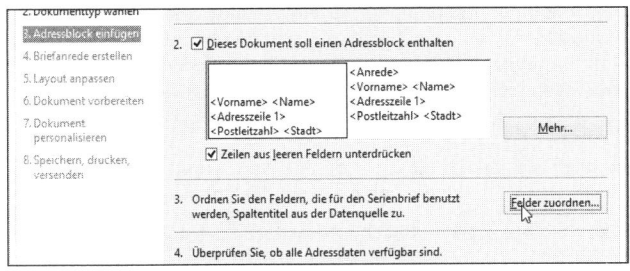

Abb. 5.14: Bringen Sie Ordnung ins System

Wenn Sie das erste Feld anklicken, werden Sie gleich erkennen, dass hier die Felder der verbundenen Datenbank auftauchen.

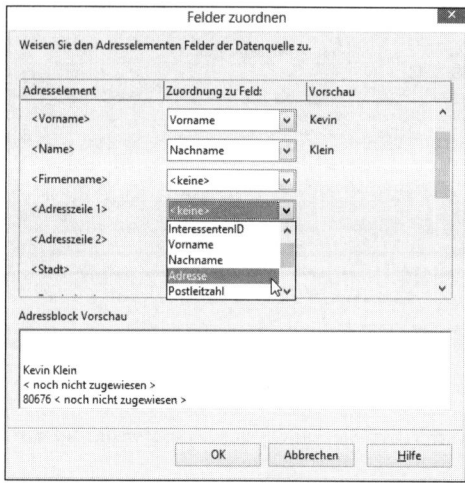

Abb. 5.15: Die Felder der Datenbank zuweisen

Verbinden Sie nun nach und nach die noch nicht zugewiesenen Felder mit denen Ihrer Datenbank. Als Kontrolle, ob Sie dabei das richtige Feld erwischt haben, wird Ihnen unmittelbar danach der erste Datensatz Ihrer Datenbank angezeigt. Achten Sie auch darauf, dass einige Felder noch nicht angezeigt werden und Sie die Bildlaufleiste betätigen müssen, um sie zu erblicken, und dass einige Felder nicht zugewiesen werden, also mit < *leer* > belegt bleiben.

Schließen Sie mit *OK* Ihre Arbeiten ab.

Anschließend sollten Sie sich mithilfe der beiden Schaltflächen am unteren Rand des letzten Felds einmal die Datensätze ansehen.

Klicken Sie auf die Schaltfläche *Adressblock des nächsten Dokuments ansehen*.

Ist alles in Ordnung, können Sie sich mit *Weiter* ins nächste Dialogfenster begeben.

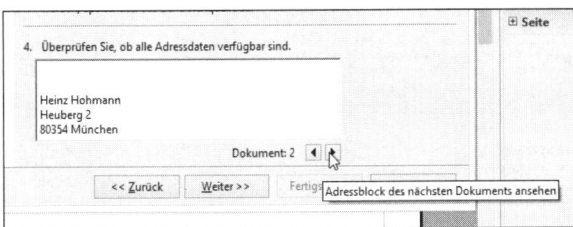

Abb. 5.16: Hat alles geklappt?

4. Schritt: Die persönliche Briefanrede

In diesem Fenster können Sie eine persönliche Briefanrede in Ihren Brief einfügen. Damit dies klappt, muss allerdings die Datenquelle über ein Feld mit der Angabe des Geschlechts verfügen.

> **TIPP**
>
> Wünschen Sie eine solche Option nicht oder verfügt die Datenbank über kein entsprechendes Feld, belassen Sie es beim deaktivierten Kontrollkästchen *Eine Briefanrede in den Brief einfügen* und wechseln mit *Weiter* zum nächsten Schritt.

Aktivieren Sie zunächst die Kontrollkästchen *Eine Briefanrede in das Dokument einfügen* und *Personalisierte Briefanrede einfügen*.

In den Feldern *Weiblich* und *Männlich* können Sie festlegen, ob die Anrede formell oder etwas salopper erfolgen soll.

Damit das Programm weiß, wer „Weiblein" und wer „Männlein" ist, müssen Sie im Feld *Spaltentitel* angeben, welcher *Adresslistenwert für einen weiblichen Empfänger* steht. Damit er richtig zugeordnet werden kann, müssen Sie den entsprechenden Wert als *Feldinhalt* eintragen.

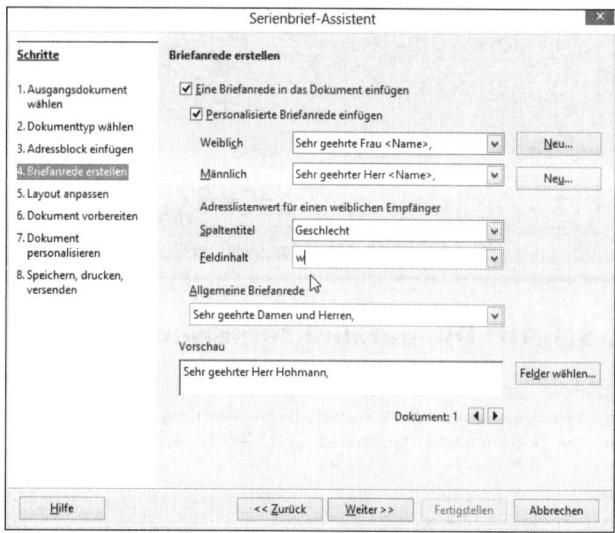

Abb. 5.17: Die Optionen für die persönliche Anrede

Wenn die genauen Ansprechpartner nicht bekannt sind, können Sie im Feld *Allgemeine Briefanrede* den Text eintragen, der dann erscheinen soll.

Ist alles erledigt, geht es mit *Weiter* beherzt in den nächsten Schritt.

5. Schritt: Das Layout des Adressblocks

In diesem Schritt geht es um die Lage des Adressblocks. Da er in unserem Beispiel genau in dem Fenster eines entsprechenden Umschlags erscheinen soll, stellen Sie den Wert im Feld *Von oben* auf 5,58 cm ein.

Das Ergebnis Ihrer Bemühungen können Sie gleich in der Vorschau am rechten Rand verfolgen.

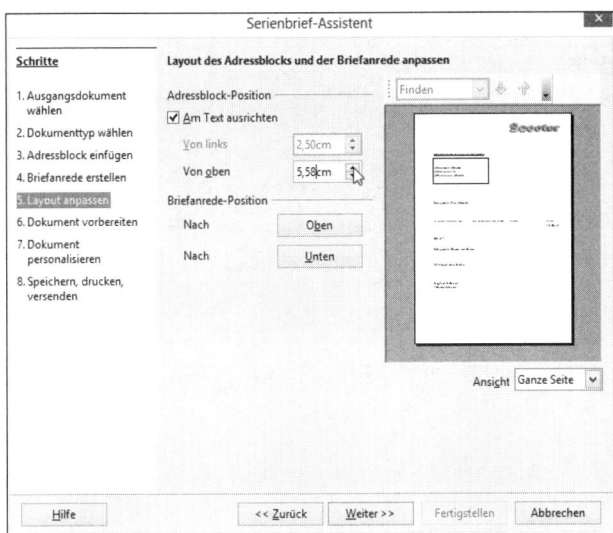

Abb. 5.18: Die Lage des Adressblocks festlegen

Ist das erledigt, widmen wir uns nach einem Klick auf *Weiter* den nächsten Einstellungen.

6. Schritt: Das Dokument vorbereiten

In diesem Fenster können Sie zunächst bestimmte Adressaten von dem Empfang des Serienbriefs ausschließen.

Dazu müssen Sie lediglich mit den Pfeilschaltflächen durch die Datensätze navigieren und den betreffenden Datensatz durch Aktivierung des Kontrollkästchens *Diesen Empfänger ausschließen* von dem Genuss Ihres Serienbriefs ausnehmen.

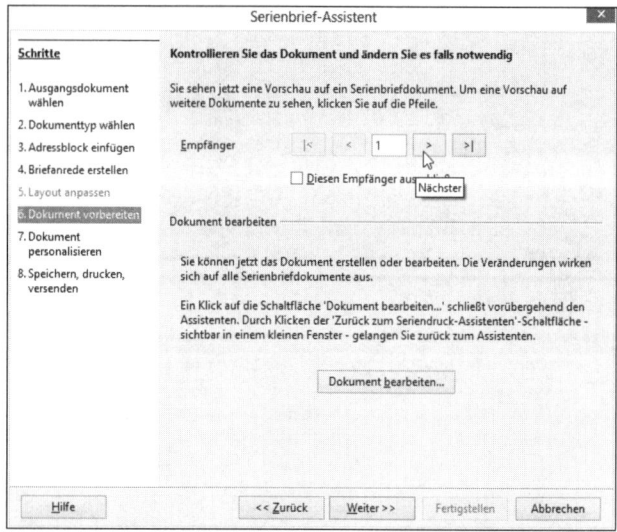

Abb. 5.19: Das Dokument vorbereiten

Darüber hinaus können Sie das Ausgangsdokument kontrollieren und gegebenenfalls anpassen.

Da das in unserem Fall notwendig ist, klicken Sie auf die Schaltfläche *Dokument bearbeiten*.

Sie müssten nun das Adressfeld an der gewünschten Position in Ihrem Writer-Dokument erkennen (siehe Abbildung 5.20).

Eine Kleinigkeit gilt es jedoch noch zu korrigieren.

Wie Sie bestimmt schon bemerkt haben, stimmen die Absatzabstände nicht.

Markieren Sie deshalb alle Absätze des Adressfelds, indem Sie in den ersten Absatz klicken und bei gedrückter Maustaste die Markierung bis in den letzten Absatz ziehen.

Rufen Sie dann die Menüfolge *Format / Absatz* auf.

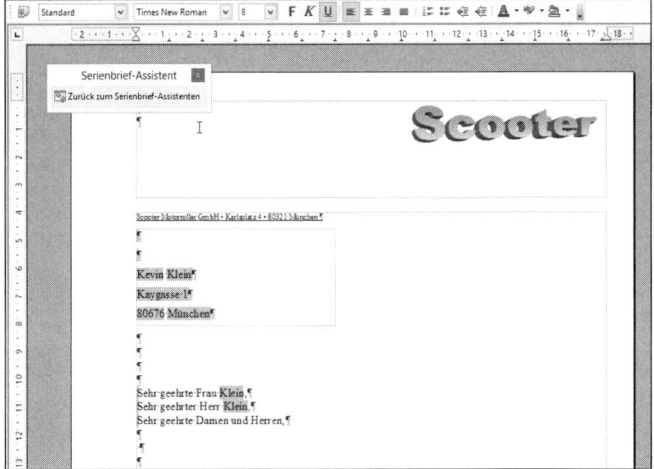

Abb. 5.20: Das Adressfeld im gegenwärtigen Zustand

Hier erkennen Sie auch gleich den Grund für die ungewöhnlichen Abstände. Im Feld *Unter Absatz* des Bereichs *Abstand* ist ein Wert eingetragen.

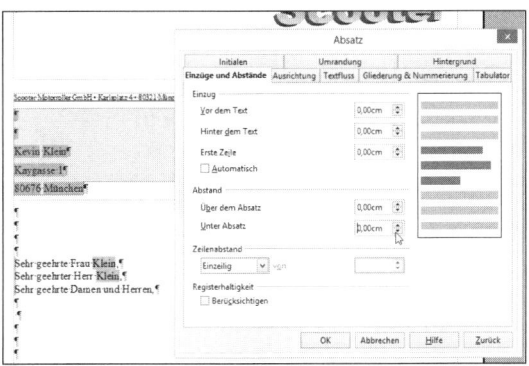

Abb. 5.21: Den unteren Abstand entfernen

Büro perfekt: Serienbriefe

Setzen Sie diesen auf 0,0 cm.

Schließen Sie mit OK das Dialogfenster und fügen Sie nach der Ortsangabe noch zwei Leerabsätze ein.

Da die Arbeiten am Ausgangsdokument abgeschlossen sind, verlassen Sie diese Arbeitsumgebung über die Schaltfläche *Zurück zum Serienbrief-Assistenten*.

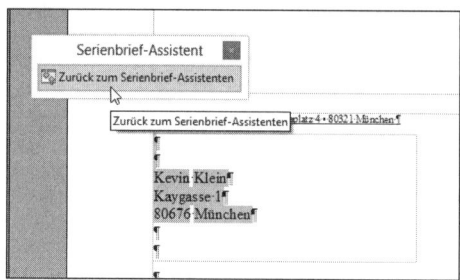

Abb. 5.22: Jetzt passt alles!

Mit *Weiter* geht es dann wieder zum nächsten Schritt.

Bedingt durch Ihr Klicken, macht sich Writer gleich an die Arbeit und erstellt Ihre Serienbriefe.

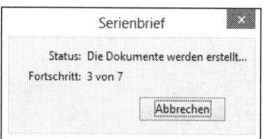

Abb. 5.23: Writer bei der Arbeit

Ist das abgeschlossen, können Sie die einzelnen Briefe nun noch mit individuellen Angaben versehen.

7. Schritt: Die Dokumente personalisieren

Dazu klicken Sie einfach auf die Schaltfläche *Individuelles Dokument bearbeiten* und begeben sich per Bildlaufleiste zu den entsprechenden Schreiben oder Sie verwenden bei umfangreicheren Serienbriefen gleich die *Suchen-nach*-Funktion des Bereichs *Suche*.

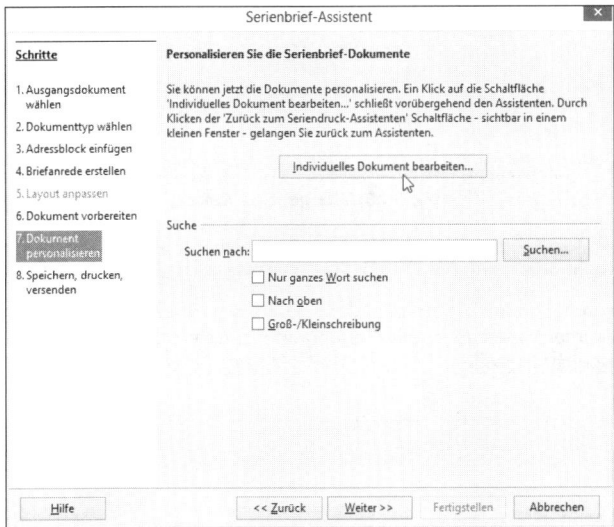

Abb. 5.24: Möchten Sie einzelne Serienbriefe individualisieren?

Ein letzter Klick auf *Weiter* führt Sie ins letzte Dialogfenster.

8. Schritt: Der Versand

In diesem Schritt entscheiden Sie, welches Dokument Sie speichern oder drucken möchten.

Gewiss ist es sinnvoll, das Ausgangsdokument zu speichern. Klicken Sie also erst einmal auf die Schaltfläche *Ausgangsdokument spei-*

chern, wählen Sie einen *Speicherort*, vergeben Sie einen *Namen* und schließen Sie den Vorgang mit *Speichern* ab.

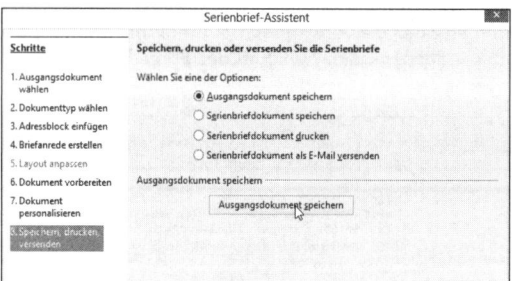

Abb. 5.25: Wie geht es weiter?

Möchten Sie das *Serienbriefdokument speichern*, wählen Sie die entsprechende Option.

Danach können Sie entscheiden, ob Sie alle Briefe in ein einzelnes Dokument speichern, alle Serienbriefe einzeln oder nur bestimmte abspeichern wollen.

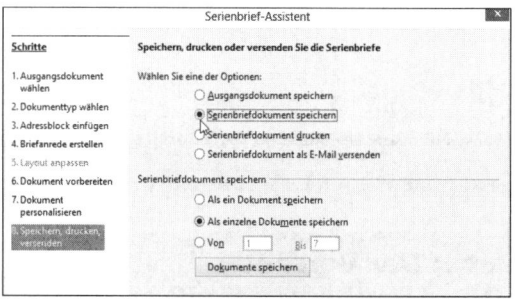

Abb. 5.26: Das Serienbriefdokument speichern

Haben Sie Ihre Wahl getroffen, klicken Sie auf *Dokumente speichern*.

Einzelne Dokumente werden fortlaufend nummeriert abgelegt.

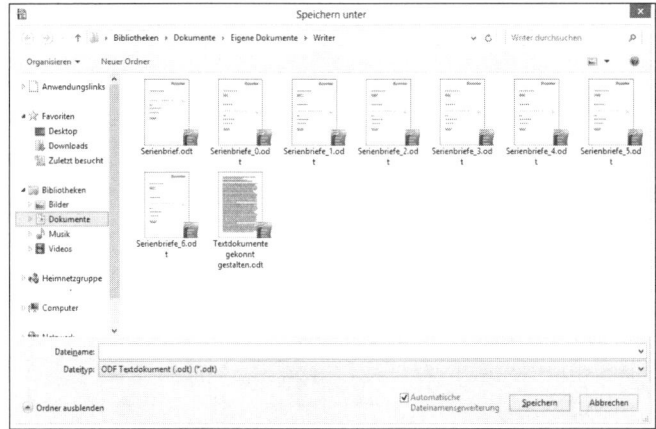

Abb. 5.27: Die einzelnen Serienbriefe im Speicherordner

Wenn Sie sich für die Option *Serienbriefdokument drucken* entscheiden, können Sie die Serienbriefe aber auch gleich auf Ihren Drucker ausgeben.

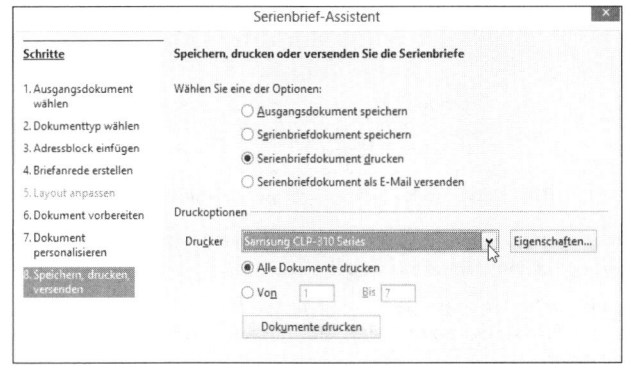

Abb. 5.28: Serienbriefe sofort ausdrucken

Mit der letzten Option können Sie schließlich noch den Anforderungen einer modernen Kommunikation gerecht werden.

Sparen Sie Papier und wählen Sie die Option *Serienbriefdokument als E-Mail versenden*.

Im Bereich der *E-Mail Optionen* wählen Sie im Feld *An* aus der Liste das Feld *eMail* Ihrer Datenbank aus und fügen noch einen entsprechenden Betreff ein.

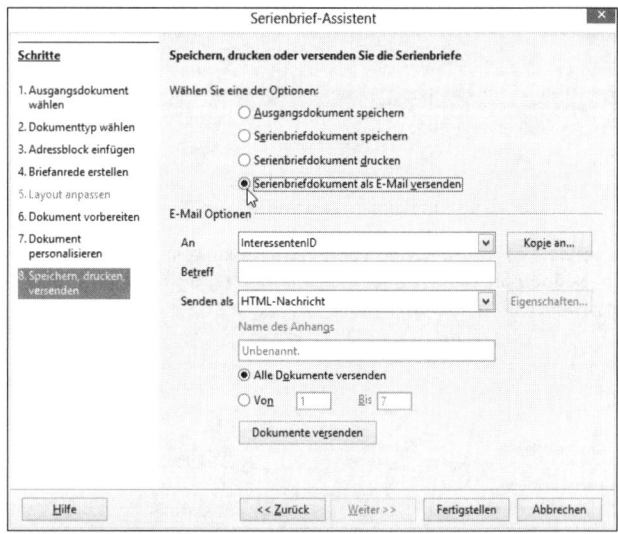

Abb. 5.29: Papier sparen und per E-Mail versenden

Wenn Sie danach auf *Dokumente versenden* klicken, müssen Sie noch ein kleines Hindernis umschiffen.

Damit die Serienbriefe per E-Mail versendet werden können, benötigt das Programm beim ersten Mal noch Informationen über Ihr E-Mail-Konto.

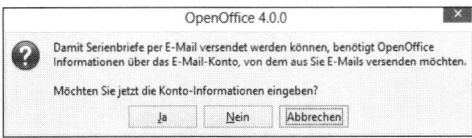

Abb. 5.30: OpenOffice benötigt noch ein paar Informationen

Klicken Sie auf *Ja*, um diese Informationen einzugeben.

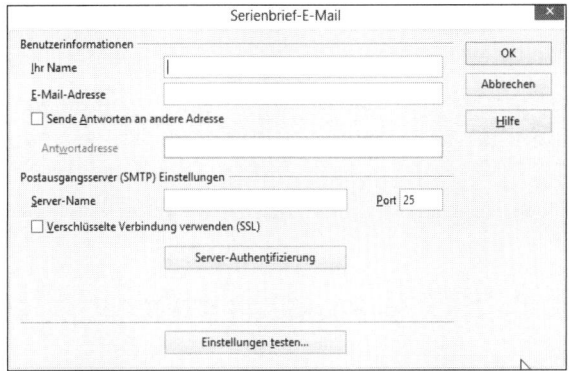

Abb. 5.31: Beim ersten Mal müssen Sie die E-Mail-Daten eingeben

Nachdem Sie die Felder ausgefüllt und mit *OK* bestätigt haben, steht einem Versand per E-Mail nichts mehr im Wege.

Damit haben Sie alle Arbeiten getan und müssen nur noch auf die Schaltfläche *Fertigstellen* klicken.

6 Kreativ gestalten

Ziel

⇨ Ein paar grundlegende Funktionen des Moduls Draw kennenzulernen

⇨ Erstellen eigener kleiner Objekte für die anderen Module des Office-Pakets

Schritte zum Erfolg

⇨ Die wichtigsten Schritte beim Erstellen eines einfachen Logos kennenlernen

⇨ Gestalten eines Organigramms

Das Programmmodul *Draw* ist für die kreative Seite des OpenOffice-Pakets zuständig. Mit ihm können Sie Vektorgrafiken erstellen, deren entscheidender Vorteil ist, dass man sie beliebig verlustfrei skalieren kann. Beispielsweise lassen sich einfachere Objekte wie Rechtecke und Kreise, aber auch Würfel, Kugeln oder Zylinder erzeugen. Aus mehreren einzelnen Objekten lassen sich komplexere Objekte erstellen, die man zu einer Einheit verschmelzen kann oder mithilfe spezieller Linien, der sogenannten *Verbinder*, zu einem Objekt vereint.

Die fertigen Objekte lassen sich in unterschiedlichen Formaten speichern und können anschließend problemlos in jedes OpenOffice-Modul eingebunden werden.

Draw kennenlernen

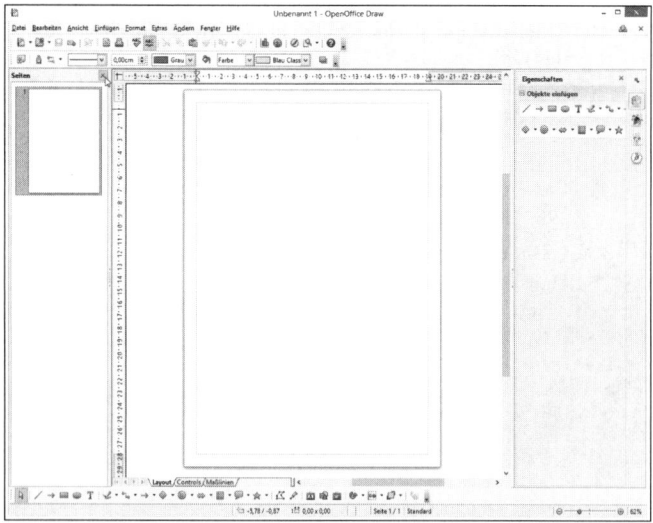

Abb. 6.1: Draw in voller Pracht

Nachdem Sie das Programm gestartet haben, finden Sie im Zentrum des Programmfensters die Arbeitsfläche, auf der Sie gestalten werden. Auf der linken Seite sehen Sie das Fenster *Seiten*. Dieses benötigen Sie nur, wenn Sie Objekte auf mehreren Seiten, Draw spricht von *Folien*, verteilen möchten.

Schließen Sie es an dieser Stelle über das *Schließen*-Feld.

Auf dem Zeichenblatt werden zunächst alle Objekte – unabhängig von ihrer späteren Größe – erstellt.

Ein Logo erstellen

Für die Motorroller GmbH Scooter soll ein Logo für ein besonderes Angebot kreiert werden.

Zunächst werden Sie wieder den Schriftzug mit der Ihnen aus dem Programmmodul Writer bekannten *Fontwork Gallery* erstellen.

Die entsprechende Schaltfläche finden Sie auf der *Zeichnen*-Symbolleiste.

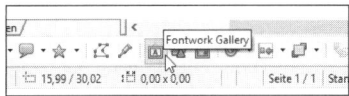

Abb. 6.2: Die Fontwork Gallery starten

Wählen Sie die Vorlage *Favorit 3* und geben Sie Scooter ein.

Nachdem der Schriftzug steht, markieren Sie ihn, formatieren ihn mit der Schriftart *Arial* und weisen ihm noch die Auszeichnung *Fett* zu. Weisen Sie ihm abschließend einen linearen Farbverlauf aus dem Listenfeld *Flächenstil/-füllung* zu.

Kopieren Sie dann den Schriftzug und verändern Sie die Kopie wie in folgender Abbildung ersichtlich.

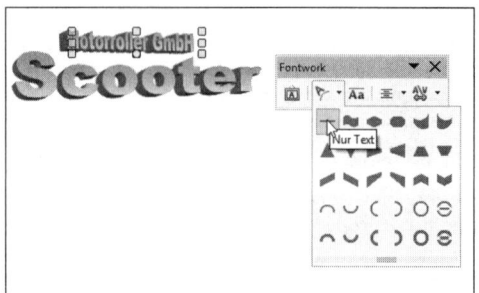

Abb. 6.3: Der gegenwärtige Stand der Dinge

Dieser Schriftzug soll nun optisch aufgewertet werden. Der Geschäftszweck soll mit einem kleinen Motorroller stilisiert dargestellt werden.

Natürlich könnten Sie jetzt eine solche Grafik mit einfachen Linien oder einer Freihandlinie erstellen, aber das Programm stellt Ihnen auf der *Zeichnen*-Symbolleiste bereits eine Reihe an fertigen Objekten zur Auswahl.

Zunächst sollen die Reifen des Rollers erstellt werden.

Klicken Sie in dieser Leiste, die Sie am unteren Rand des Bildschirms finden, auf den Listenpfeil der Schaltfläche *Symbolformen* und wählen Sie mit der Maus das Symbol *Ellipse* aus.

Abb. 6.4: Ein fertiges Zeichenobjekt auswählen

Platzieren Sie den veränderten Cursor nun an der Stelle, an der das Symbol seine obere linke Ecke haben soll. Klicken Sie dann mit der Maus und ziehen Sie bei gedrückter linker Maustaste nach unten. Halten Sie dabei die ⇧-Taste gedrückt, damit es ein Kreis wird.

Anhand Ihrer Bewegungen können Sie gleich die Größe des Objekts erkennen. Haben Sie die richtige Größe gefunden, lassen Sie die Maustaste los und schon ist das Objekt erstellt.

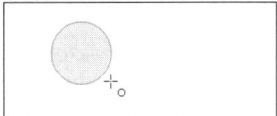

Abb. 6.5: Einen Kreis aufziehen

Wie Sie sehen, wird der Kreis mit einer Füllfarbe und einer dünnen Linie versehen.

Belassen Sie den Kreis markiert und kopieren Sie ihn mithilfe der Tastenkombination [Strg] + [C].

Ändern Sie nun die Füllfarbe des Kreises, indem Sie in der Seitenleiste im Bereich *Fläche* auf den Listenpfeil der Schaltfläche *Füllen* klicken und *Schwarz* einstellen.

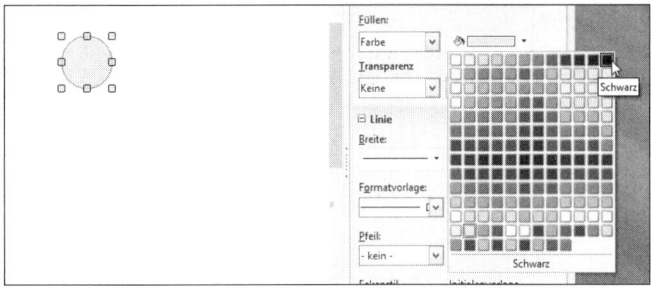

Abb. 6.6: Das Symbol färben

Fügen Sie anschließend die Kopie mit [Strg] + [V] wieder ein.

Markieren Sie nun an einem der Eckpunkte den neu eingefügten Kreis, der den schwarzen Kreis vollständig abdeckt.

Halten Sie die [⇧]- und die [Alt]-Taste gedrückt und ziehen Sie mit gedrückter Maustaste den Kreis nach innen.

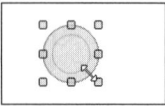

Abb. 6.7: Den oberen Kreis verjüngen

Haben Sie die gewünschte Größe erreicht, lassen Sie zunächst die Maustaste und dann die beiden Tastaturtasten los.

Fertig ist das Rollerrad.

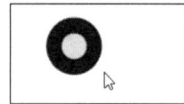

Abb. 6.8: Das Rad ist fertig

Damit in Zukunft diese beiden Objekte auch so ausgerichtet bleiben, sollten Sie diese auf Dauer fixieren.

Klicken Sie dazu zunächst nacheinander mit gedrückter ⇧-Taste auf die Objekte, um sie beide zu markieren.

Anschließend klicken Sie innerhalb der Markierung einmal mit der rechten Maustaste und wählen aus dem Kontextmenü den Eintrag *Gruppieren* aus.

Abb. 6.9: Objekte gruppieren

Da zwei Räder benötigt werden, markieren Sie die Gruppe und fügen über [Strg] + [C] sowie [Strg] + [V] das zweite Rad ein.

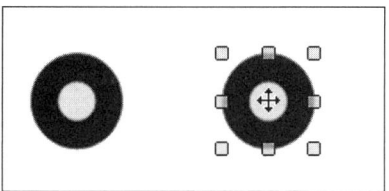

Abb. 6.10: Das zweite Rad ist eine Kopie

Die beiden Kotflügel entstehen aus dem Symbol *Halbbogen*, das Sie in der Gruppe der *Symbolformen* finden.

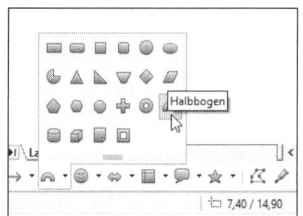

Abb. 6.11: Ausgangsbasis für die Kotflügel

Ziehen Sie den Halbbogen auf und passen Sie ihn über den rechten mittleren Anfasser an die Konturen des Rades an.

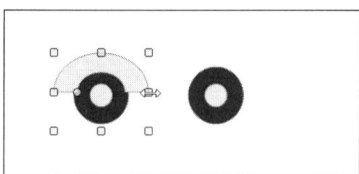

Abb. 6.12: Den Kotflügel anpassen

Erstellen Sie davon wieder eine Kopie und platzieren Sie diese über dem zweiten Rad.

Die Elemente des Chassis des Rollers erstellen Sie aus drei Objekten der Gruppe *Flussdiagramm: Manuelle Eingabe, Grenzstelle* und *Gespeicherte Daten*.

Platzieren Sie diese wie in folgender Abbildung ersichtlich. Das Objekt *Gespeicherte Daten* werden Sie ein wenig drehen müssen. Klicken Sie dazu auf das Objekt und wenn die runden Drehanfasser erscheinen, können Sie es über einen der Eckanfasser in die gewünschte Richtung bringen.

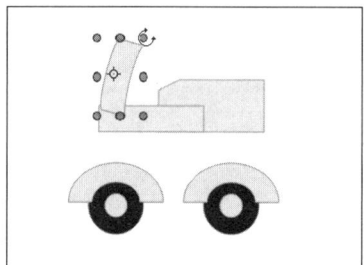

Abb. 6.13: Das Chassis entsteht

Haben Sie alle Objekte zu Ihrer Zufriedenheit angeordnet, wird es Zeit, daraus ein Chassis zu machen.

Markieren Sie alle drei Objekte und klicken Sie mit der rechten Maustaste innerhalb der Markierung. Im Kontextmenü finden Sie den Menüpunkt *Formen*. Wählen Sie dort den Untermenüpunkt *Verschmelzen* an (siehe Abbildung 6.14).

Augenblicklich werden die drei Objekte zu einem Neuen zusammengefasst.

Die vordere und die hinter Lampe erstellen Sie aus dem Objekt *Flussdiagramm Verzögerung*. Während Sie die hintere Lampe einfach rot färben, platzieren Sie vor der vorderen Lampe ein Rechteck, dem Sie eine gelbe Färbung geben.

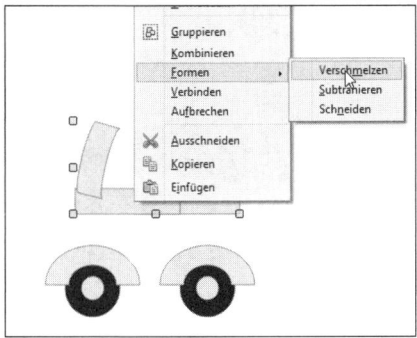

Abb. 6.14: Die Objekt zu einem Chassis verschmelzen

Fehlt nur noch der Lenker und der Sitz. Diese Objekte werden aus einem abgerundeten Rechteck erstellte und anschließend platziert.

Abschließend platzieren Sie noch alle Objekte an der vorgesehenen Stelle und versehen die Lackteile mit dem Farbverlauf *Orange Gradient 1*.

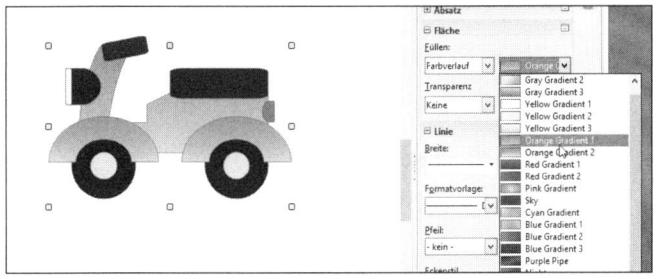

Abb. 6.15: Die Lackteile lackieren

Nun wird der extrudierte Schriftzug *Scooter* noch ein bisschen aufgewertet, indem Sie ihn mithilfe der Symbolleiste *3D-Einstellungen* entsprechend platzieren. Mit den Symbolen können Sie das Objekt Ihren Wünschen gemäß drehen.

Kreativ gestalten

Abb. 6.16: Ein 3D-Objekt erstellen

Ferner können Sie auch die *Oberfläche* anders gestalten oder die Lichtquelle über die Schaltfläche *Beleuchtung* anpassen.

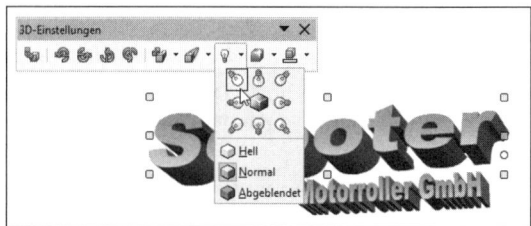

Abb. 6.17: Die 3D-Einstellungen sind vielfältig

Schieben Sie anschließend den Roller über den Schriftzug.

Abb. 6.18: Den Roller über den Schriftzug schieben

Sollte er sich beim Loslassen der Maustaste vor dem Schriftzug befinden, dann liegt das daran, dass Sie den Schriftzug zuerst erstellt hatten und die zuletzt erstellten Objekte sich stets oben befinden.

Achten Sie darauf, dass der Roller noch markiert ist, und klicken Sie dann auf den Listenpfeil der Schaltfläche *Anordnung*. Dort finden Sie die Schaltfläche *Ganz nach hinten*, mit der Sie den Schriftzug vor den Roller bringen.

Abb. 6.19: Die Reihenfolge der Objekte ändern

Nachdem nun das Logo fertig ist, soll es noch als Grafik abgespeichert werden.

Dazu benötigen Sie die Menüfolge *Datei / Exportieren*. Würden Sie die jetzt allerdings aufrufen und den Vorgang durchführen, würde die Grafik nebst der Arbeitsfläche in der Größe einer DIN-A4-Seite abgespeichert.

Da Sie jedoch lediglich das Logo benötigen, müssen Sie die beiden Objekte zunächst noch gruppieren.

Klicken Sie also mit gedrückter ⇧-Taste den Roller und dann die beiden Schriftzüge an.

Dann klicken Sie mit der rechten Maustaste in die Markierung und rufen den Menüeintrag *Gruppieren* auf.

Abb. 6.20: Die Objekte gruppieren

Jetzt können Sie das gruppierte und markierte Objekt exportieren.

Nach Aufruf der Menüfolge *Datei / Exportieren* wählen Sie den Speicherort aus und legen über das Feld *Dateityp* das gewünschte Dateiformat fest. Wie Sie der Liste entnehmen können, lassen sich unter anderem problemlos *.bmp-, *.gif- oder *.jpg-Dateien erzeugen.

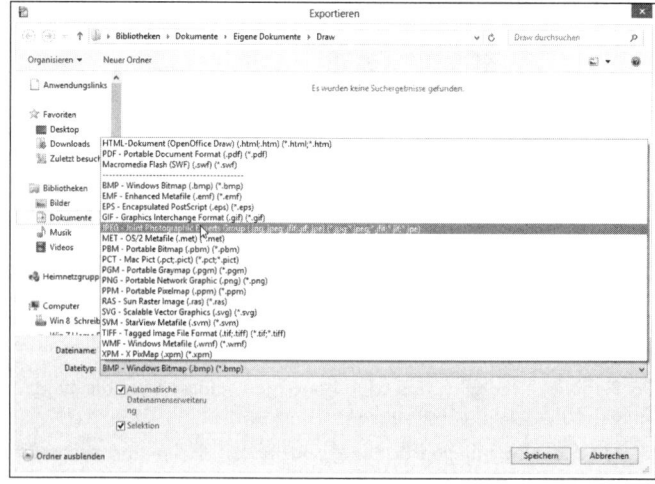

Abb. 6.21: Den Dateityp auswählen

Stellen Sie den gewünschten Dateityp ein und vergeben Sie abschließend einen *Dateinamen*. Da Sie nur das markierte Logo exportieren wollen, müssen Sie noch das Kontrollkästchen *Selektion* aktivieren, bevor Sie auf *Speichern* drücken.

Je nach Wahl, z. B. im Fall des Formats *JPEG*, erscheint nun ein Fenster, in dem Sie Einstellungen hinsichtlich der Beschaffenheit der Datei vornehmen können.

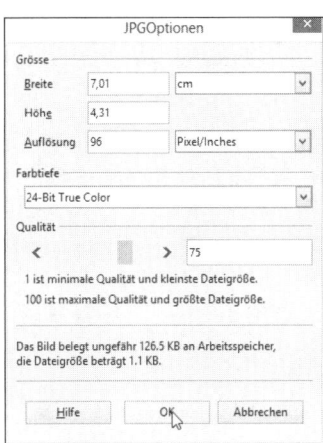

Abb. 6.22: Die Eigenschaften der Datei festlegen

Nachdem Sie das getan und mit *OK* bestätigt haben, befindet sich im Speicherort nun eine Datei, die Sie in alle Module (über die Menüfolge *Einfügen / Bild / Aus Datei*) einbinden können.

Ein Organigramm

Neben grafischen Objekten lassen sich auch erklärende Schemas, wie beispielsweise ein Organigramm für eine Firmenbroschüre oder eine Präsentation, entwerfen.

Legen Sie zunächst eine neue OpenOffice-Zeichnung an und speichern Sie diese unter dem Namen *Organigramm* ab.

Schließen Sie das Fenster *Seiten* auf der linken Seite, da es nicht benötigt wird.

Stellen Sie die Ausrichtung des Zeichenblatts auf Querformat (Menüfolge *Format / Seite*, dort Option *Ausrichtung* auf *Querformat*) um.

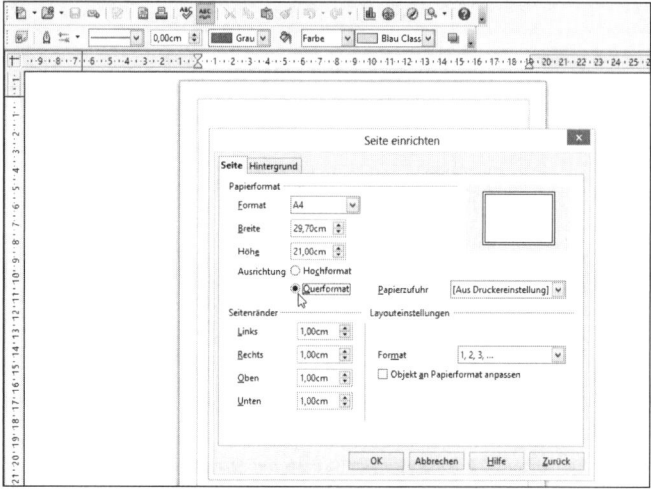

Abb. 6.23: Mehr Platz im Querformat

Klicken Sie dann in der *Zeichnen*-Symbolleiste auf die Schaltfläche *Rechteck* und ziehen Sie mit gedrückter Maustaste ein Rechteck auf.

Belassen Sie es markiert und geben Sie ihm über die Seitenleiste den Farbverlauf *Orange Gradient 1* (siehe Abbildung 6.24).

Achten Sie darauf, dass das Objekt noch markiert ist, und geben Sie über die Tastatur den Namen des Inhabers der Motorroller GmbH ein, gefolgt von einem Druck auf ⏎ und der Positionsbeschreibung zwischen Bindestrichen (siehe Abbildung 6.25).

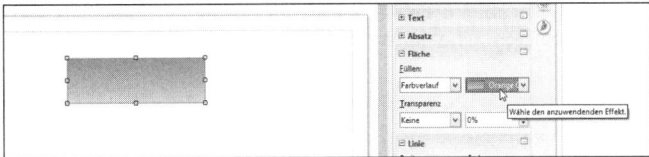

Abb. 6.24: Das erste Symbol

Abb. 6.25: Das erste Symbol beschriften

Etwas versetzt unterhalb des ersten Rechtecks ziehen Sie ein weiteres, etwas kleineres Rechteck auf und beschriften es. Zusätzlich markieren Sie die Positionsangabe und versehen sie mit einer kleineren Schriftgröße.

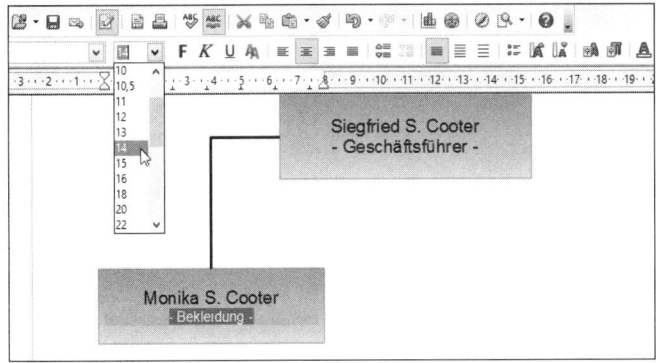

Abb. 6.26: Das zweite Symbol

Das folgende Objekt werden Sie mithilfe der Zwischenablage erstellen und lediglich die Texte ändern.

Lassen Sie das eben erstellte Objekt markiert und klicken Sie einmal auf die *Kopieren*-Schaltfläche und dann auf die *Einfügen*-Schaltfläche.

Das so entstandene Objekt lässt sich nun mühelos mit der →-Taste verschieben.

Abb. 6.27: Das kopierte Objekt verschieben

Überschreiben Sie abschließend noch den Namen und die Position mit anderen Angaben.

Nachdem die einzelnen Objekte fertig sind, geht es daran, sie zu verbinden.

Mit dem sogenannten *Verbinder* können Zusammenhänge oder Zugehörigkeiten kenntlich gemacht werden.

Im Menü der Schaltfläche *Verbinder* finden Sie gerade, abgewinkelte und gebogene Verbindungslinien für alle Zwecke.

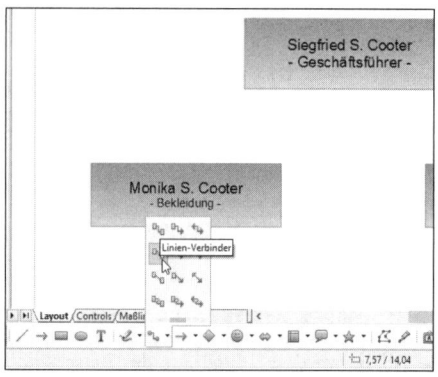

Abb. 6.28: Den *Linien-Verbinder* auswählen

Nachdem Sie die gewünschte Form ausgewählt haben, platzieren Sie den veränderten Cursor an der Anfangsposition und klicken einmal.

Abb. 6.29: Den Cursor positionieren

Nun können Sie den Mauszeiger frei bewegen, wobei die Linie angeheftet bleibt.

Suchen Sie dann den Endpunkt auf und klicken Sie ein weiteres Mal. Dadurch wird die Linie erstellt.

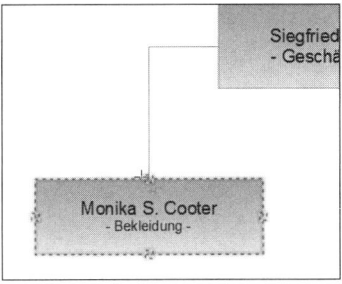

Abb. 6.30: Und schon steht die Linie

Diese Linie, wie auch die Rechtecke, können Sie wunschgemäß gestalten.

Dazu klicken Sie das betreffende Objekt lediglich an und nehmen die gewünschten Einstellungen über die Symbolleiste *Linie und Füllung* vor.

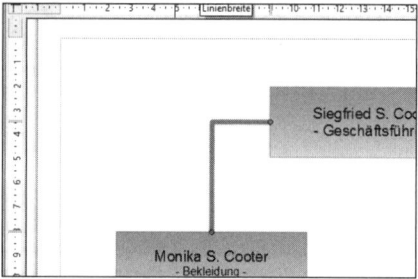

Abb. 6.31: Die Linie gestalten

Entspricht die Linienführung nicht Ihren Vorstellungen, so lässt sie sich problemlos ändern.

Klicken Sie dazu auf den Anfangspunkt der Linie und ziehen Sie diese mit gedrückter Maustaste zu einem anderen Fangpunkt des betreffenden Objekts. Über die kleinen quadratischen Anfasser können Sie anschließend die Linienführung anpassen.

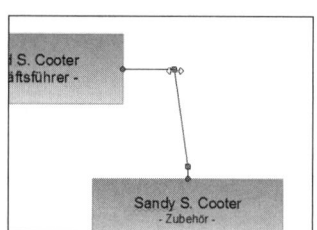

Abb. 6.32: Die Linienführung ändern

Über die Schaltflächen der Symbolleiste *Linie und Füllung* können Sie abschließend das Organigramm nach Ihren Wünschen gestalten. Wenn Sie den Text mit der Symbolleiste *Text Format* gestalten möchten, muss zuvor ein Doppelklick in den betreffenden Text gesetzt werden.

7 Eindrucksvoll präsentieren

Ziel

⇨ Einsatzgebiete des Moduls Impress kennenzulernen
⇨ Eine eigene Präsentation mit dem Assistenten zu erstellen
⇨ Weitere Folien für besondere Zwecke einzufügen
⇨ Präsentation der fertigen Folien

Schritte zum Erfolg

⇨ Eine Präsentation mit dem Assistenten erstellen
⇨ Die notwendigen Schritte im Umgang mit Folien erlernen
⇨ Diagramm-, Grafik- und Tabellenfolien erzeugen

Wenn es um das Darstellen eines Vortrags vor einem größeren Publikum geht, kommt *Impress* ins Spiel. Während man früher handgeschriebene Folien mittels eines Overhead-Projektors an die Wand warf, übernimmt heute der Computer im Zusammenspiel mit einem Beamer diesen Part.

Eine Präsentation erstellen

Wenn Sie das Programm Impress starten, werden Sie gleich von dem *Präsentations-Assistenten* begrüßt.

Um sich mit der Arbeitsweise des Programms vertraut zu machen, wählen Sie im Bereich *Art* die Option *Aus Vorlage* aus. Damit erstellen Sie eine „Präsentation von der Stange", die Sie aber später problemlos an Ihre Bedürfnisse anpassen können.

Nun haben Sie die Wahl zwischen zwei fertigen Präsentationen. Sie können dabei die Inhalte der Präsentation bestimmen. Für unser Beispiel sollten Sie die Vorlage *Vorstellung einer Neuheit* auswählen.

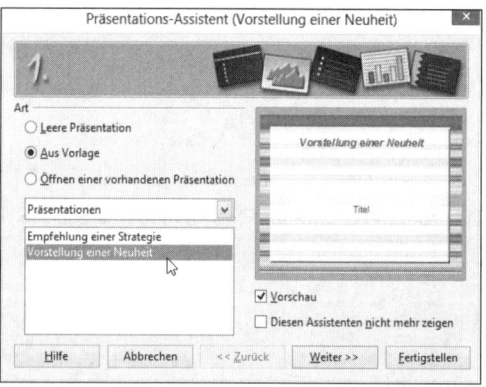

Abb. 7.1: Der Präsentations-Assistent in Aktion

Haben Sie das getan, klicken Sie auf *Weiter*, um in das nächste Fenster zu gelangen.

Hier geht es darum, wie Sie die mit Impress erzeugten Folien verwenden möchten.

Im oberen Teil des Dialogfensters können Sie im Bereich *Wählen Sie eine Seitenvorlage* die *Präsentationshintergründe* einstellen.

Im Bereich *Wählen Sie ein Ausgabemedium* legen Sie fest, wie Ihre Folien präsentiert werden können. Da Sie Ihre erste Präsentation zunächst am *Bildschirm* betrachten werden, wird diese Option Ihre Wahl sein.

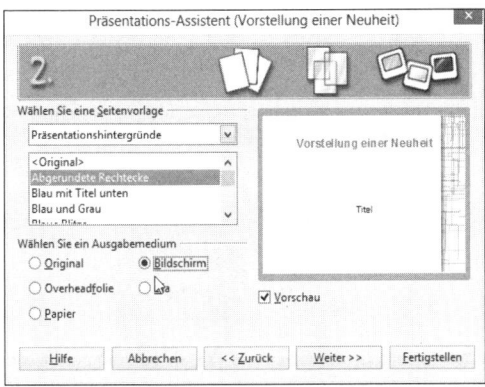

Abb. 7.2: Wählen Sie das Ausgabemedium

Mit *Weiter* gelangen Sie zum dritten Eingabefenster.

In diesem Fenster legen Sie fest, welcher Effekt beim Wechseln der Folien angezeigt werden soll.

Klicken Sie auf den Listenpfeil des Felds *Effekt* und wählen Sie eine der zahlreichen Varianten aus.

Eindrucksvoll präsentieren

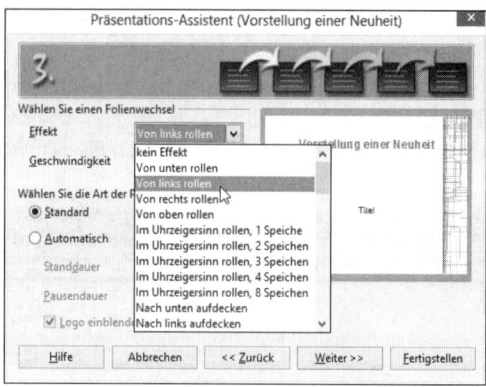

Abb. 7.3: Einstellen der Effekte

Die *Geschwindigkeit* des Wechsels legen Sie im gleichnamigen Feld fest, indem Sie eine der drei Stufen wählen.

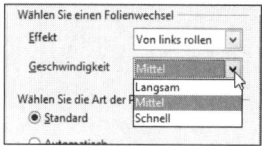

Abb. 7.4: Wie schnell sollen die Folien gewechselt werden?

Anschließend können Sie noch festlegen, ob der Folienwechsel von Ihnen mit einem Mausklick ausgelöst werden kann (Option *Standard*) oder ob er *Automatisch* nach einer vorgegebenen Zeit eintreten soll. Im letzteren Fall tragen Sie die gewünschten Zeitwerte in die Felder *Standdauer* und *Pausendauer* ein (siehe Abbildung 7.5).

Verwenden Sie ein Logo, lassen Sie das Kontrollkästchen *Logo einblenden* aktiviert.

Mit einem erneuten Klick auf die Schaltfläche *Weiter* gelangen Sie zu den nächsten Eingaben.

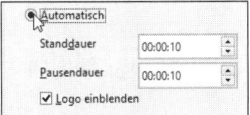

Abb. 7.5: Wie soll der Folienwechsel erfolgen?

Hier nennen Sie Ihren Namen und geben den Themenbereich der Präsentation ein, damit sich Ihre potenziellen Zuhörer in die Materie einfinden können.

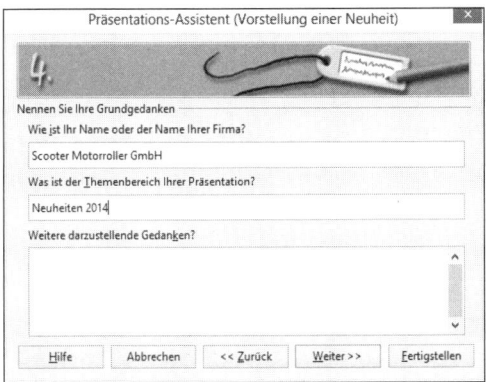

Abb. 7.6: Führen Sie den Zuschauer auf das Thema der Präsentation hin

Ist das erledigt, geht es wie gewohnt mit *Weiter* zum nächsten Schritt.

Jetzt müssen Sie nämlich den Umfang der Präsentation und damit die Anzahl der Folien festlegen.

Der Assistent bietet Ihnen eine Reihe an Folien an, die Sie über die Kontrollkästchen auch deaktivieren können, wenn sie nicht in Ihren geplanten Vortrag passen.

TIPP

Wenn Sie zudem auf einen der Folientitel klicken, können Sie die Unterpunkte lesen.

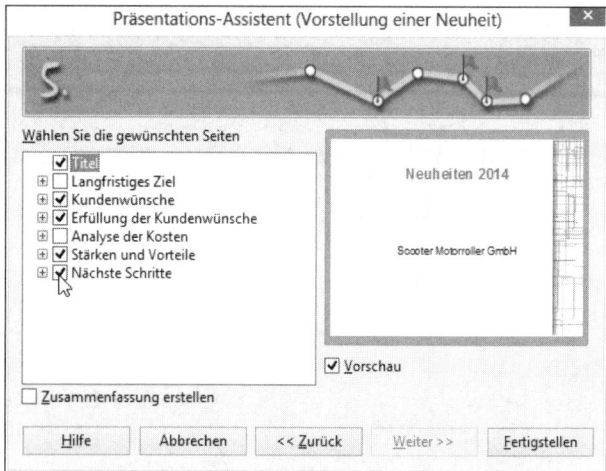

Abb. 7.7: Wählen Sie die gewünschten Seiten aus

Haben Sie alle Folien beisammen? Gut, dann war es das und Sie können auf *Fertigstellen* klicken.

Impress macht sich an die Arbeit und zeigt Ihnen kurz darauf die fertige Präsentation im Programmfenster. Speichern Sie diese erst einmal (beispielsweise unter der Bezeichnung Neuheiten.opd) wie gewohnt ab.

Abb. 7.8: Die fertige Präsentation

Mit Folien arbeiten

Die Folien stehen beim Arbeiten mit Impress im Zentrum. Dementsprechend gilt es einige Arbeitsschritte im Zusammenhang damit zu lernen.

Die Präsentation am Bildschirm zeigen

Nun wird es spannend. Sicherlich möchten Sie Ihre erste Präsentation gleich einmal laufen sehen.

Um eine Bildschirmpräsentation zu starten, gibt es eine Reihe an Möglichkeiten.

Die einfachste führt über die Taste F5.

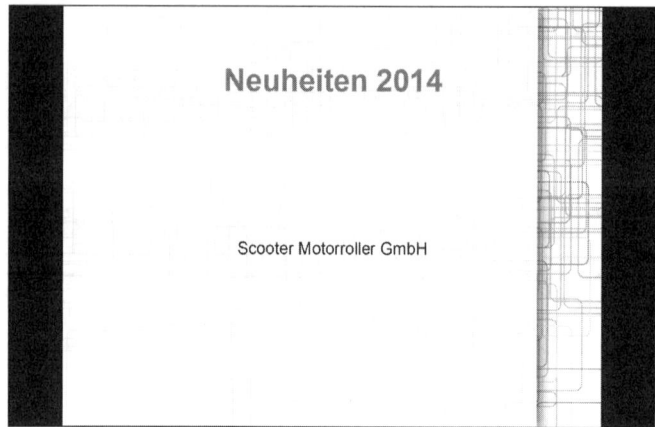

Abb. 7.9: Und schon läuft die Präsentation

Wie Sie sehen, blendet Impress sofort alle Menüs und sonstigen Bestandteile aus und startet die Präsentation.

Den Ablauf der Präsentation können Sie nun ganz leicht bestimmen:

⇨ Ein Tipp auf die Taste [Bild↓] oder [N] (wie nächste) bringt Sie zur nächsten Folie.

⇨ Wenn Sie dagegen die Taste [Bild↑] oder [P] (vom englischen *past* wie Vergangenheit) drücken, gelangen Sie zur vorherigen Folie.

⇨ Möchten Sie zu einer bestimmten Folie gelangen, beispielsweise zu Folie 3, dann tippen Sie deren Ziffer, also 3, und bestätigen mit [↵].

Am Ende der Präsentation erhalten Sie eine schwarze Folie mit dem Hinweis *Bitte klicken Sie, um zu beenden*. Kommen Sie dieser Aufforderung nach, wenn Sie aufhören wollen. Es genügt aber auch, irgendeine Taste zu betätigen.

Darüber hinaus können Sie die Präsentation jederzeit beenden, wenn Sie die [Esc]-Taste betätigen.

In beiden Fällen befinden Sie sich wieder im Impress-Programmfenster.

Die verschiedenen Ansichten

Nachdem Sie Ihre erste Präsentation erlebt haben, wird es Zeit, sich etwas näher mit dem Programmfenster vertraut zu machen.

Betrachten Sie zunächst einmal die Registerkarten über der Folie.

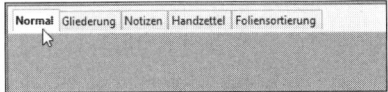

Abb. 7.10: Die fünf Ansichten von Impress

Standardmäßig befinden Sie sich in der *Normal*-Ansicht.

Diese gliedert sich in drei Bereiche:

⇨ *Folien:* Hier werden die Folien verkleinert dargestellt, was Ihnen zum einen das rasche Überblicken ermöglicht, aber auch das Auswählen der Folien. Zudem erhalten Sie am unteren Rand drei Schaltflächen, mit denen Sie die Präsentation starten, die aktuelle Folie verstecken und ein Duplikat ziehen können.

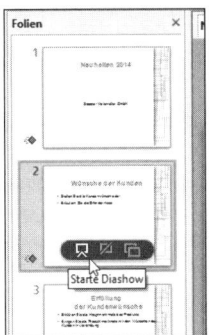

Abb. 7.11: Der Bereich *Folien*

Eindrucksvoll präsentieren

⇨ *Folienansicht*: Hier wird Ihnen die aktuell markierte Folie angezeigt und hier werden auch alle relevanten Textänderungen vorgenommen.

⇨ *Aufgabenbereich*: In diesem Bereich nehmen Sie Einfluss auf das Aussehen und Verhalten der Folien.

In der Ansicht *Gliederung* finden Sie lediglich eine hierarchische Darstellung der Präsentation.

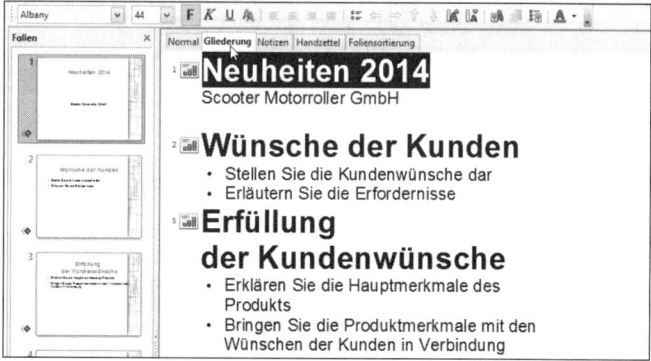

Abb. 7.12: Die Gliederungsansicht

Diese Ansicht ermöglicht Ihnen das unbeeinflusste Arbeiten mit dem eigentlichen Text, wie Sie es von Writer gewöhnt sind.

Darüber hinaus lassen sich mit den Symbolen der *Standard*-Symbolleiste die Folienpunkte problemlos umstellen. Möchten Sie beispielsweise einen Punkt weiter oben anordnen, dann klicken Sie einfach in diesen hinein und betätigen die Schaltfläche *Nach oben* so lange, bis er die gewünschte Position erreicht hat.

In der Ansicht *Notizen* können Sie sich das eine oder andere zu der betreffenden Folie notieren. Anmerkungen, die Sie hier eingeben, erscheinen nicht in der Präsentation, sondern sind lediglich als Gedankenstütze für den Vortragenden gedacht.

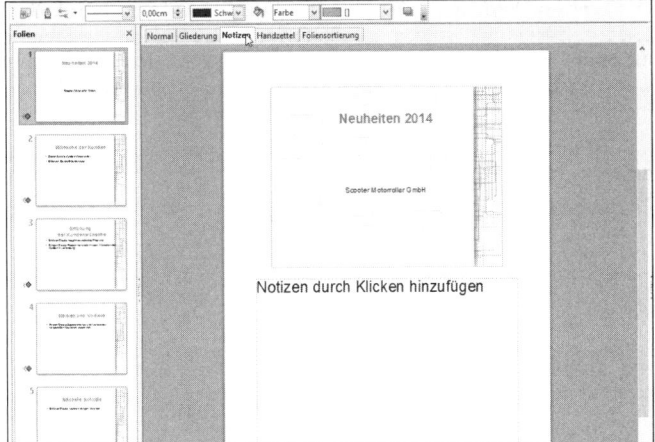

Abb. 7.13: Fügen Sie hier Ihre Anmerkungen zu der Folie hinzu

Über die Ansicht *Handzettel* legen Sie fest, wie viele Folien auf einem Ausdruck erscheinen sollen, den Sie Ihren Zuhörern in die Hand drücken können.

In diesem Zusammenhang müssen Sie in der Seitenleiste im Bereich *Layouts* Ihre Wahl treffen.

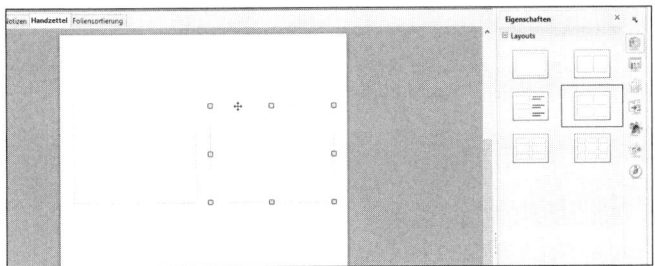

Abb. 7.14: Bestimmen Sie das Aussehen der Handouts

Schließlich bleibt noch die Ansicht *Foliensortierung*.

In dieser Ansicht können Sie ganz leicht die Reihenfolge Ihrer Folien ändern. Zeigen Sie einfach auf die Folie, deren Position Sie ändern möchten, und ziehen Sie sie mit gedrückter Maustaste an die gewünschte Stelle. Achten Sie dabei auf das kleine graue Rechteck, das Ihnen die mögliche Einfügestelle anzeigt.

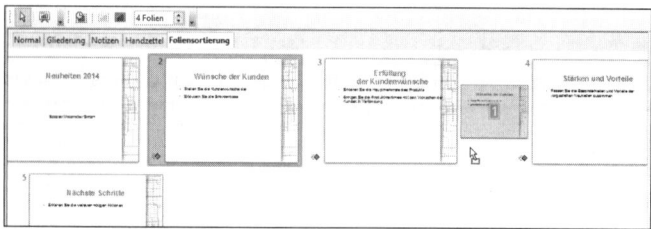

Abb. 7.15: Die Reihenfolge ändern

Eine automatische Präsentation anpassen

Vermutlich werden die automatisch erstellten Texte nicht so recht in Ihr Konzept passen und den Wunsch nach Anpassung wecken.

Kein Problem. Dank Ihrer Writer-Kenntnisse lassen sie sich ohne Weiteres ändern. Allerdings müssen die entsprechenden Stellen zuvor markiert werden.

Wechseln Sie gegebenenfalls in die Ansicht *Normal*.

Einen Textrahmen passen Sie durch einfaches Ziehen an einem der Anfasspunkte an (siehe Abbildung 7.16).

Möchten Sie ein Zeichen rechts vom Cursor löschen, dann verwenden Sie die [Entf]-Taste; steht es dagegen links vom Cursor, nehmen Sie die [⌫]-Taste.

Betreffen die Ausführungen ein Wort, dann führen Sie einfach einen Doppelklick darauf aus (siehe Abbildung 7.17).

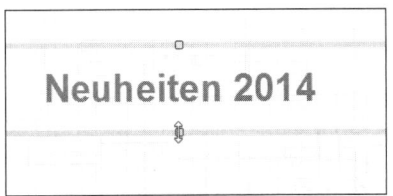

Abb. 7.16: Einen Textrahmen anpassen

Abb. 7.17: Ein Doppelklick markiert ein Wort

Nun können Sie es wie gewohnt bearbeiten, es beispielsweise entweder löschen oder mithilfe der entsprechenden Symbole der Symbolleiste *Text Format* gestalten. Alternativ können Sie diesen Text aber auch durch einfaches Überschreiben ersetzen.

Möchten Sie ein Wort umstellen, dann verwenden Sie die Methode Drag & Drop. Doppelklicken Sie dazu auf das Wort und ziehen Sie es bei gedrückter Maustaste an die gewünschte Stelle.

Abb. 7.18: Text umstellen mit Drag & Drop

Wechseln Sie in die Ansicht *Gliederung*.

Diese erlaubt es Ihnen, eine komplette Folie zu markieren. Dazu müssen Sie lediglich einen Klick auf das kleine Symbol vor dem ersten Punkt setzen.

Abb. 7.19: Markieren einer kompletten Folie

> **TIPP**
>
> Sollte diese Art des Markierens nicht auf Anhieb klappen, können Sie auch einfach die betreffende Passage mit der Maus überstreichen.

Nun könnten Sie [Entf] drücken, um die gesamte Folie zu entfernen. Impress löscht sie dann komplett, ohne dass eine Lücke entsteht.

> **TIPP**
>
> Sollten Sie das an dieser Stelle einmal ausprobiert haben und nun bitterlich bereuen, dann betätigen Sie einfach die Tastenkombination [Strg] + [Z] oder die Schaltfläche *Rückgängig: Löschen*, um die Handlung ungeschehen zu machen.

Sehr oft werden Sie einen Aufzählungspunkt erzeugen wollen. In diesem Fall setzen Sie den Cursor hinter das letzte Zeichen des letzten Aufzählungspunktes und betätigen einmal die [↵]-Taste.

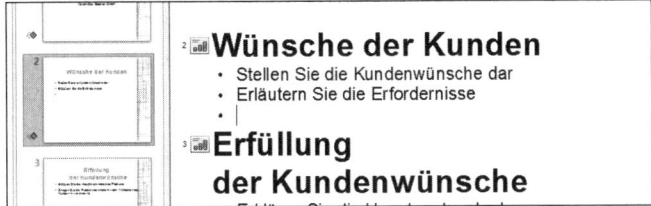

Abb. 7.20: Einen neuen Aufzählungspunkt erzeugen

Weitere Folien erzeugen

Irgendwann werden Ihnen die vorgegebenen Folien nicht mehr reichen und der Wunsch nach neuen Folien kommt auf.

In diesem Fall klicken Sie auf die Schaltfläche *Folie*, die Sie auf der Symbolleiste *Präsentation* finden.

Abb. 7.21: Eine neue Folie anlegen

> **TIPP**
>
> Sollte sich diese Symbolleiste nicht auf Ihrem Bildschirm befinden, rufen Sie sie über die Menüfolge *Ansicht / Symbolleisten* auf.

Ein Klick darauf fügt eine neue Standardfolie ein, die ganz unten bzw. unmittelbar nach der zuvor markierten Folie im Bereich *Folien* angezeigt wird.

Abb. 7.22: Die neue Folie

Über die Seitenleiste weisen Sie ihr anschließend über die Schaltflächen im Bereich *Layouts* die Grundanordnung zu, beispielsweise *Titel, Text*, wenn Sie eine Folie mit Aufzählungspunkten erstellen wollen.

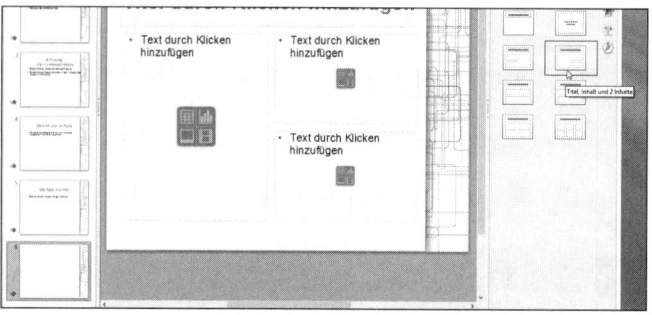

Abb. 7.23: Wie soll die Folie aufgebaut sein?

Eine Tabellenfolie

Eine Möglichkeit, eine Folie zu gestalten, ist, sie mit einer Tabelle zu versehen, die Sie mit Zahlenmaterial füllen können.

Klicken Sie auf die Schaltfläche *Tabelle einfügen*.

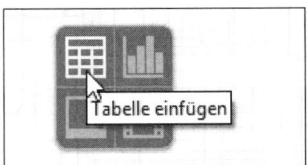

Abb. 7.24: Eine Folie mit einer Zahlentabelle anlegen

Impress blendet ein Dialogfenster ein, in dem Sie die Anzahl der Zeilen und Spalten festlegen können.

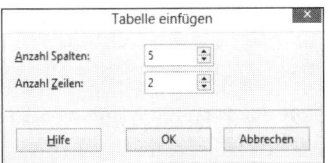

Abb. 7.25: Eine Calc-Tabelle in Impress

Nach einem Klick auf OK wird die entsprechende Calc-Tabelle platziert und ermöglicht Ihnen so beispielsweise die aufbereitete Darstellung Ihres Zahlenmaterials.

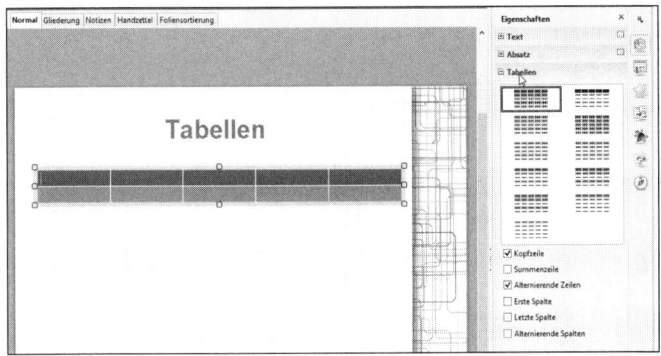

Abb. 7.26: Die Tabelle kann bestückt werden

Über die Optionen im Bereich *Tabellen* der Seitenleiste können Sie die Tabelle nach Ihren Wünschen gestalten.

Eine Diagrammfolie

Geht es um die Präsentation von Zahlen, müssen Sie nur einen Doppelklick auf das Platzhalterzeichen *Diagramm einfügen* ausführen.

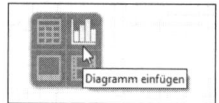

Abb. 7.27: Ein Diagramm einfügen

Impress erstellt sofort das Diagramm und blendet die entsprechenden Werkzeuge zum Bearbeiten ein.

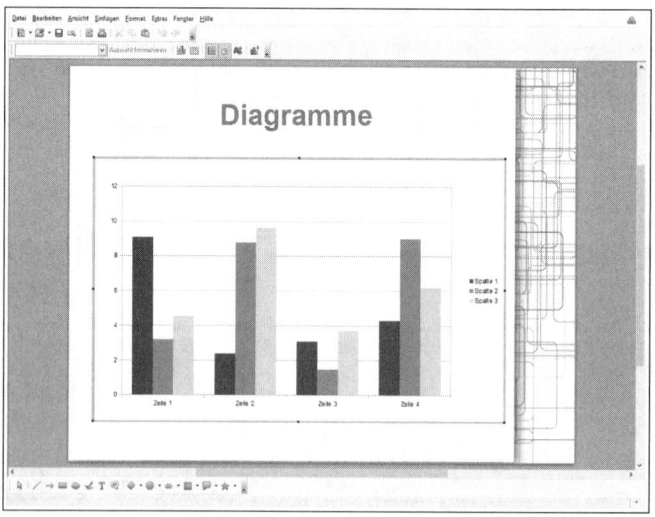

Abb. 7.28: Und schon ist das Diagramm fertig

Möchten Sie beispielsweise die Vorgabedaten ändern, dann klicken Sie auf die Schaltfläche *Diagrammdatentabelle* und überschreiben sie einfach mit Ihren Werten.

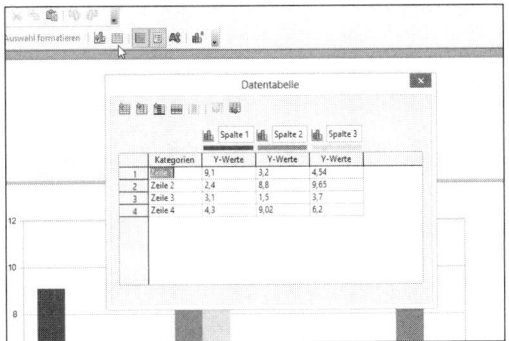

Abb. 7.29: Überschreiben Sie einfach die Vorgabewerte

Den Diagrammtyp können Sie über das Dialogfenster *Diagrammtyp*, das Sie durch Anklicken der gleichnamigen Schaltfläche erhalten, gestalten.

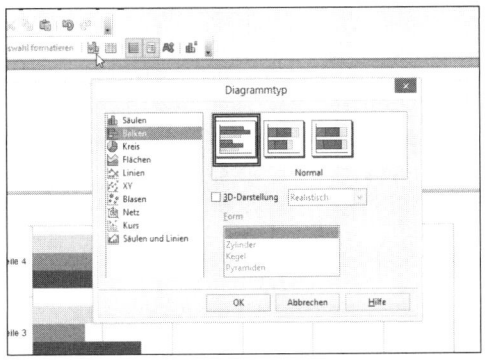

Abb. 7.30: Den Diagrammtyp ändern

Eindrucksvoll präsentieren

Um die Arbeiten mit dem Diagramm zu beenden, klicken Sie auf eine freie Fläche außerhalb des Rahmens, der das Diagramm umgibt.

Möchten Sie es anschließend wieder bearbeiten, dann genügt ein Doppelklick auf das Diagramm, um die gewünschten Änderungen vornehmen zu können.

Eine Bildfolie

„Ein Bild sagt oft mehr als tausend Worte", sagt man. Was liegt da näher, als Bilder auf einer Folie zu platzieren?

In einem solchen Fall klicken Sie auf das Symbol *Bild einfügen*.

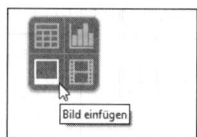

Abb. 7.31: Hier wird ein Bild eingefügt

Im folgenden Dialogfenster *Bild einfügen* wählen Sie die gewünschte Grafik oder das gewünschte Bild aus.

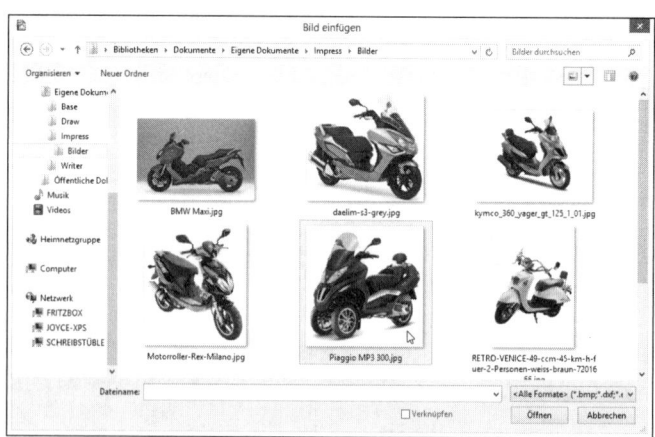

Abb. 7.32: Eine Grafik auswählen

Mit einem Klick auf *Öffnen* wird die Grafik dann platziert.

Eine Filmfolie

Sie können ferner auch einen Film innerhalb der Präsentation platzieren.

Klicken Sie auf die Schaltfläche *Film einfügen*.

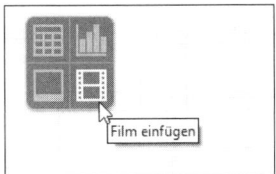

Abb. 7.33: Einen Film einfügen

Anschließend wird das Video in der Folie platziert. Wenn Sie in Zukunft diese Folie im Präsentationsmodus anzeigen, wird sofort mit dem Abspielen begonnen.

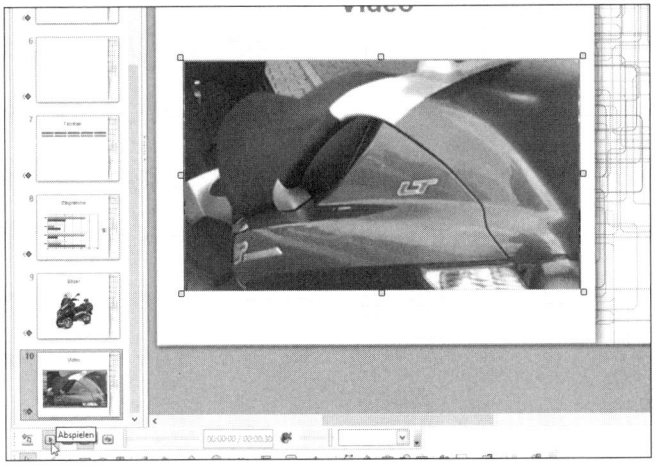

Abb. 7.34: Ein platziertes Video

Eindrucksvoll präsentieren

Unten links finden Sie eine Abspielsteuerung, mit deren Hilfe Sie gleich einmal den Film betrachten und an Ihre Vorstellungen anpassen können.

8 Clever kalkulieren

Ziel

⇨ Funktions- und Arbeitsweise des Moduls Calc kennenzulernen

⇨ Die Tabellenkalkulation für den alltäglichen Rechenaufwand einzusetzen

Schritte zum Erfolg

⇨ Ein Angebot erstellen und dabei die Möglichkeiten des Programms einsetzen

⇨ Einfache Berechnungen mit Pfiff durchführen

⇨ Diagramme erstellen

Calc, die Tabellenkalkulation

Calc ist das Tabellenkalkulationsmodul von OpenOffice. Bei einer Tabellenkalkulation werden Berechnungen in Tabellenform durchgeführt. Der Vorteil besteht darin, dass Sie diese mithilfe von Formeln durchführen können, die es Ihnen ermöglichen, problemlos mit den Zahlen zu „spielen", also zu kalkulieren, da die Formeln variabel gehalten werden. Dadurch werden die Ergebnisse stets automatisch neu berechnet, wenn sich die Werte der Zahlen ändern.

Los geht es! Starten Sie Calc, indem Sie im *Start Center* auf die Schaltfläche *Tabellenkalkulation* klicken.

Wie Sie gleich bemerken, enthält das Anwendungsfenster wie gewohnt Menü- und Symbolleisten. Auffallend sind allerdings folgende Besonderheiten:

⇨ Zentral im Mittelpunkt befindet sich das *Tabellenblatt*, welches wie ein Rechenblatt aus Papier aufgebaut ist. Die Buchstaben stehen dabei für die *Spalten* und die Ziffern für die *Zeilen*. Sie können bis zu 1.024 Spalten mit Ihren Daten bestücken. Der Schnittpunkt, an dem sich eine Spalte mit einer Zeile trifft, wird als *Zelle* bezeichnet, deren Name sich aus dem Buchstaben der Spalte und der Ziffer der Zeile zusammensetzt. Der Schnittpunkt der Spalte C mit der Zeile 12 wird somit als C12 bezeichnet.

⇨ Oberhalb des Tabellenblatts befindet sich die *Rechenleiste*, in der Sie Daten eingeben, überprüfen und bearbeiten.

⇨ Unterhalb des Tabellenblatts befinden sich die *Blattregister*, in denen Ihnen die Namen der einzelnen Tabellenblätter angezeigt werden und über die Sie rasch zwischen diesen hin- und herwechseln können. Standardmäßig werden drei dieser Tabellenblätter angelegt, die in einer einzigen Datei, *Tabellendokument* genannt, abgespeichert werden.

Da man eine Tabellenkalkulation am besten versteht, wenn man mit ihr arbeitet, werden wir im Folgenden ein kleines Angebot erstellen.

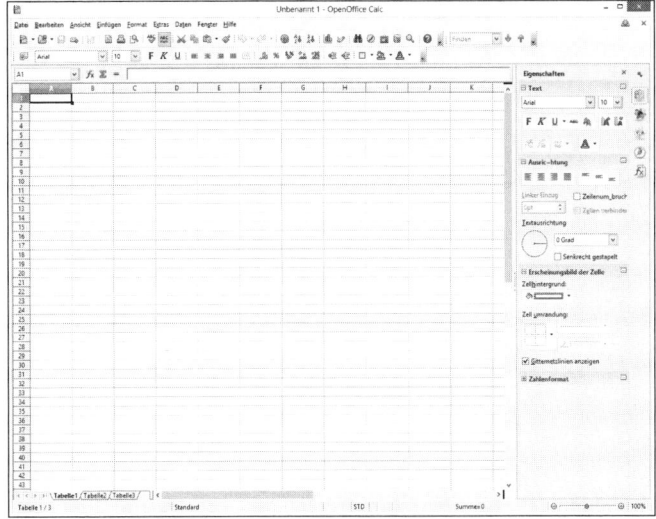

Abb. 8.1: Die Tabellenkalkulation Calc

Ein Angebot erstellen

Nachdem Sie das Programm geöffnet haben, sollten Sie zunächst einmal das Tabellendokument unter der Bezeichnung *Angebot.ods* abspeichern.

Die Schreibmarke befindet sich bereits an der richtigen Position, nämlich in der Zelle A1. Diese Information können Sie zum einen ganz am Anfang der Rechenleiste ablesen und zum anderen an der schwarzen Umrahmung im Tabellenblatt erkennen.

Halten Sie die [Strg]-Taste gedrückt und drehen Sie das Mausrad fünf Stufen von sich weg. Dadurch wird die Tabellenansicht auf 150 % vergrößert und Sie können die folgenden Schritte besser verfolgen (siehe Abbildung 8.2).

Clever kalkulieren

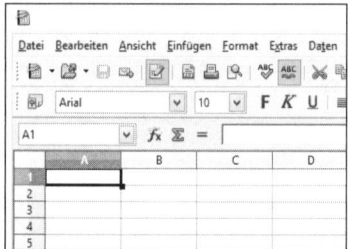

Abb. 8.2: Gleich geht es los!

Geben Sie ein großes A ein und betrachten Sie das Tabellenblatt.

Abb. 8.3: Die erste Eingabe

Der Markierungsrahmen ist nun entfernt. Stattdessen befindet sich Ihre Eingabe in der Zelle und der Cursor steht blinkend dahinter. Des Weiteren erkennen Sie Ihre Eingabe auch in der Rechenleiste, die zudem ein rotes Kreuz und einen grünen Haken aufweist.

Schreiben Sie jetzt den Rest des Wortes, also ngebot.

Falls Sie dabei einen Fehler machen, können Sie ihn – wie gewohnt – mithilfe der ⬅- oder Entf -Taste korrigieren.

Um die Eingabe zu beenden, betätigen Sie die ⏎-Taste oder klicken auf das grüne Haken-Symbol in der Rechenleiste.

Dadurch befinden Sie sich in der Zelle A2.

Abb. 8.4: Die erste Eingabe ist getätigt

Bewegen Sie die Markierung nun mithilfe der Tasten und in die Zelle D3.

> **TIPP**
>
> Mit den Cursortasten können Sie die Markierung über das gesamte Tabellenblatt verschieben. Alternativ können Sie aber auch auf die gewünschte Zelle zeigen und dann mit einem Klick die Markierung setzen.

Geben Sie in die Zelle D3 den Text München, den ein.

Da die Zelle gleich noch richtig ausgerichtet werden soll, drücken Sie diesmal nicht ⏎, sonst würde die Markierung in eine andere Zelle springen. Vielmehr klicken Sie auf die Schaltfläche *Übernehmen* (die mit dem grünen Haken!).

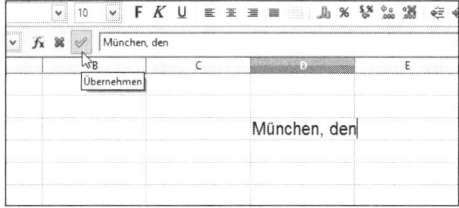

Abb. 8.5: Die Eingabe übernehmen

Clever kalkulieren

Dadurch bleibt die Markierung auf der Zelle und Sie können diese über die Schaltfläche *Rechtsbündig* gleich formatieren.

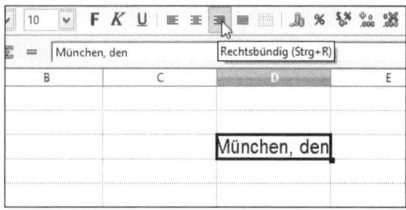

Abb. 8.6: Die Zelle gleich ausrichten

Mit einem Tipp auf ⇥ oder die ⇥-Taste gelangen Sie in die danebenliegende Zelle E4.

In diese kommt nun die erste Formel. Genauer gesagt handelt es sich dabei um eine Funktion. Es soll nämlich das aktuelle Datum angezeigt werden. Gewiss könnten Sie es per Hand eingeben, aber Sie haben ja Calc.

Dazu müssen Sie wissen, dass jede Formel und Funktion durch ein Gleichheitszeichen eingeleitet wird.

Geben Sie ein =-Zeichen ein.

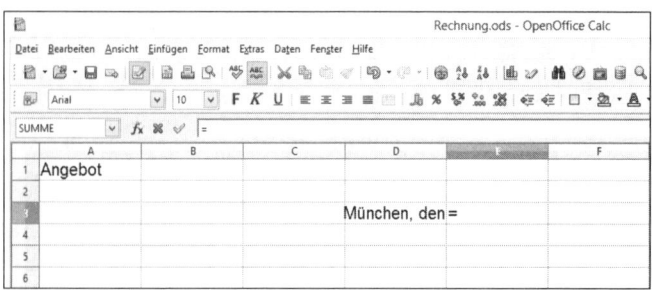

Abb. 8.7: Dieses Zeichen ist unbedingt notwendig

Nun tragen Sie noch den Namen der Funktion ein, die das heutige Datum ermittelt. Er lautet heute. Abgeschlossen wird eine solche Formel stets durch ein Klammernpaar.

An dieser Stelle müsste Ihre Formel wie in der folgenden Abbildung ausschauen:

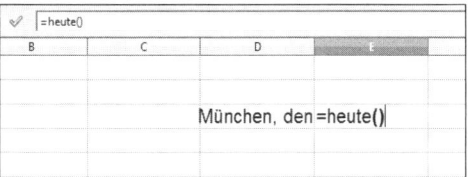

Abb. 8.8: Die fertige Eingabe

Jetzt wird es spannend. Sie müssen Calc noch dazu bringen, dieses Datum „auszurechnen".

Dazu genügt ein Klick auf die Schaltfläche *Übernehmen* oder Sie verlassen die Zelle durch eine der Ihnen schon bekannten Methoden.

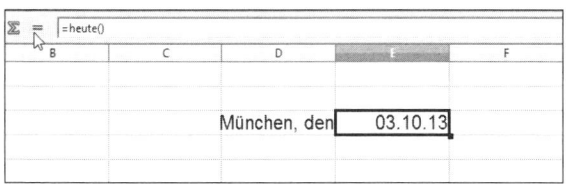

Abb. 8.9: Jetzt wird das aktuelle Datum angezeigt

Bewegen Sie den Cursor in die Zelle A6.

Geben Sie hier den folgenden Text ein: Wir freuen uns, Ihnen das folgende Angebot machen zu können:

Schließen Sie die Eingabe mit ⏎ ab.

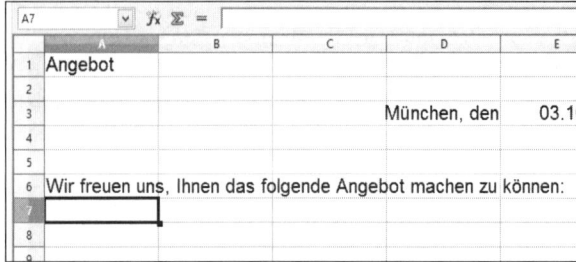

Abb. 8.10: Das Angebot zum gegenwärtigen Stand

Betätigen Sie noch einmal die ⏎-Taste und geben Sie anschließend in die Zelle A8 ein: Piaggio MP3 300. Schließen Sie die Eingabe mit der Schaltfläche *Übernehmen* ab.

Wie schon in der Zelle A6 wird auch hier der Text nicht vollständig in der Zelle angezeigt. Während bei der Zelle A6 die Nachbarzelle B6 nicht belegt wurde, soll in der Zelle B8 jedoch der Preis eingegeben werden.

Deshalb muss die Spaltenbreite an dieser Stelle angepasst werden.

Zeigen Sie dazu mit der Maus auf die Begrenzungslinie zwischen den Spalten A und B. Dadurch verwandelt sich der Mauszeiger zu einem Symbol mit einem Doppelpfeil.

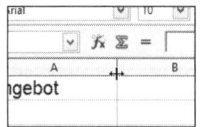

Abb. 8.11: Auf dieses Symbol kommt es an

Halten Sie nun die linke Maustaste gedrückt und ziehen Sie die Maus so weit nach rechts, bis der Text Platz hat.

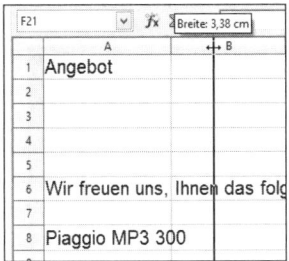

Abb. 8.12: Die Spalte verbreitern

Wie Sie sehen, wird Ihnen dabei in einer kleinen *QuickInfo* die aktuelle Breite in cm angezeigt.

Haben Sie die Position gefunden, lassen Sie die Maustaste wieder los.

Bringen Sie die Markierung in die Zelle B8, geben Sie Preis ein und befördern Sie die Markierung anschließend in die Zelle A9.

Passen Sie die Breite der Spalte B an die neue Eingabe an. Klicken Sie dazu doppelt auf den Spalt zwischen der Spalte B und C.

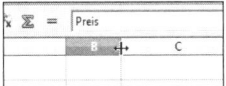

Abb. 8.13: Optimal anpassen mit einem Doppelklick

In die Zelle A9 tragen Sie Sondermodell ein und drücken dann ⇥.

In dieser Zelle soll der Preis erscheinen. Er beträgt 6.000,- Euro. Nun könnte man in die Versuchung kommen und das €-Zeichen in die Zelle eingeben. Das würde sogar funktionieren, weil Calc diesen „Fehler" abfängt. Beim Arbeiten mit dem Programm sollten Sie jedoch stets zwischen Zahleneingabe und dem Format der Zelle unterscheiden.

Geben Sie dementsprechend zunächst den Wert, also 6000, in die Zelle ein und klicken auf den grünen Haken *Übernehmen*. Anschließend klicken Sie auf das Symbol *Zahlenformat: Währung*.

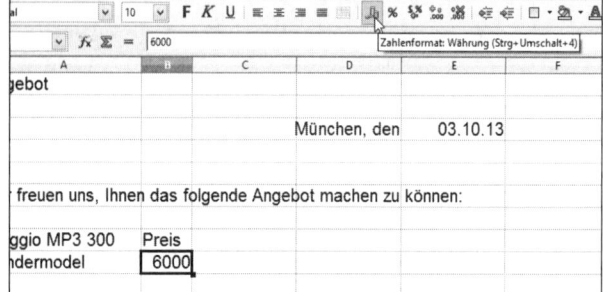

Abb. 8.14: Den Preis eingeben

> **TIPP**
>
> Achten Sie einmal auf die Ausrichtung. Zahlen werden rechtsbündig und Texte linksbündig ausgerichtet. Dadurch lassen sich Fehler beim Arbeiten mit Calc leichter erkennen, wenn Sie versuchen, mit Buchstaben statt Zahlen zu rechnen.

Doch statt des erhofften Europreises sehen Sie lediglich ein paar Rauten.

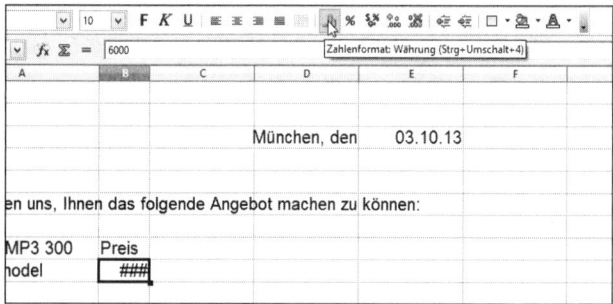

Abb. 8.15: Oh Schreck, was ist passiert?

Diese Rauten stellen eine Fehlermeldung dar und bedeuten im konkreten Fall, dass die anzuzeigende Zahl nicht in die Zelle passt.

Bewegen Sie den Cursor zwischen die Spalten B und C und klicken Sie an dieser Stelle erneut doppelt.

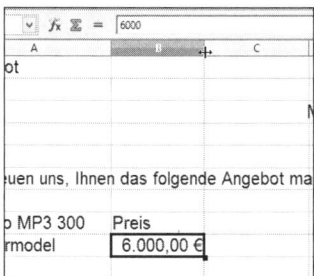

Abb. 8.16: Und schon passt es!

Dadurch wird die Spaltenbreite optimal angepasst und der Betrag sollte jetzt sichtbar sein.

Bewegen Sie anschließend den Cursor in die Zelle A10, tragen Sie dort Preisnachlass ein und betätigen Sie die ⇥-Taste.

In der nächsten Zelle, B10, tragen Sie die Formel =B9*5% ein. Diese berechnet den Preisnachlass, der 5 % des Preises beträgt.

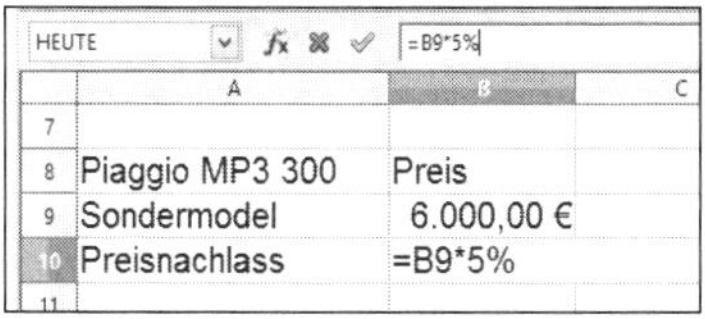

Abb. 8.17: Den Preisnachlass berechnen

Drücken Sie zweimal ⏎, geben Sie in Zelle A12 Gesamtpreis ein und befördern Sie die Markierung dann in die Zelle B12.

Dort soll der Gesamtpreis ermittelt werden, sodass Sie wieder ein Gleichheitszeichen eingeben, denn jetzt folgt eine Formel.

Clever kalkulieren

Während Sie bei einer solchen Rechnung normalerweise vielleicht zum Taschenrechner greifen würden, müssen Sie nun lediglich den Rechenweg beschreiben.

Der Preis befindet sich in der Zelle B9. Geben Sie diese ein. Von dem Preis muss der Preisnachlass subtrahiert (abgezogen) werden, der sich in B10 befindet. Tippen Sie also auf das ⊡-Zeichen (Sie finden es am schnellsten auf der numerischen Tastatur) und geben Sie dann B10 ein. Das war es dann auch schon.

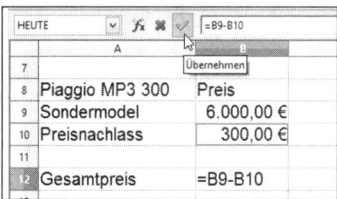

Abb. 8.18: Den Gesamtpreis ermitteln

Wenn Sie jetzt noch die Schaltfläche *Übernehmen* betätigen, rechnet Calc Ihnen sofort das Ergebnis in Heller und Pfennig, pardon: Euro und Cent aus.

TIPP

Wie Sie der Rechenleiste entnehmen können, genügt es, die Spaltenbezeichnung in kleinen Buchstaben einzugeben. Calc wandelt diese dann beim Bestätigen der Schaltfläche *Übernehmen* bzw. beim Wechsel in eine andere Zelle automatisch in Großbuchstaben um.

Nun fehlt nur noch die unvermeidliche Mehrwertsteuer.

Bewegen Sie den Cursor in die Zelle A13 und geben Sie `MwSt.` ein.

Jetzt könnte man auf die Idee kommen, den Wert 19 hineinzuschreiben und in der *Format*-Symbolleiste auf das Zeichen *Zahlenformat: Prozent* zu klicken, denn bei der Währungsangabe haben wir es auch so gemacht.

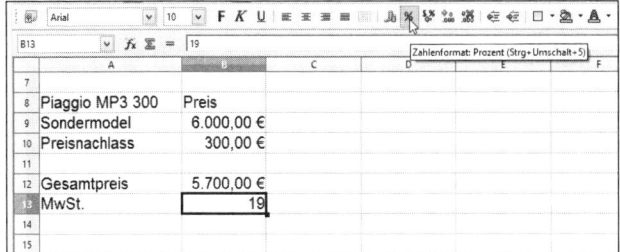

Abb. 8.19: Keine gute Idee

Wenn Sie das einmal spaßeshalber machen, werden Sie mit dem gegenwärtigen Mehrwertsteuersatz schnell zufrieden sein.

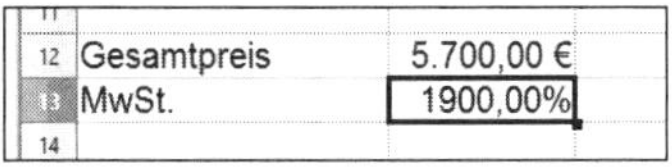

Abb. 8.20: Sagen Sie noch mal etwas über die hohe Mehrwertsteuer! ;-)

Machen Sie diese Aktion schnell mit einem Klick auf die Schaltfläche *Rückgängig* oder die Tastenkombination [Strg] + [Z] ungeschehen.

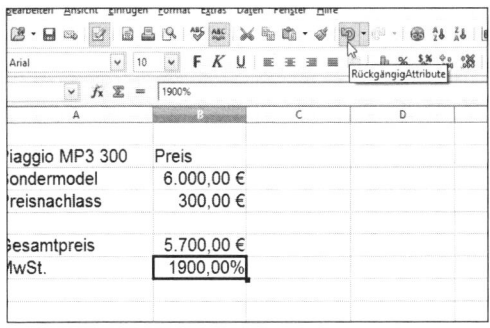

Abb. 8.21: Das Geschehen rückgängig machen

Clever kalkulieren

Klicken Sie dann in der Rechenleiste hinter den Wert und geben Sie über die Tastatur das Prozentzeichen ein.

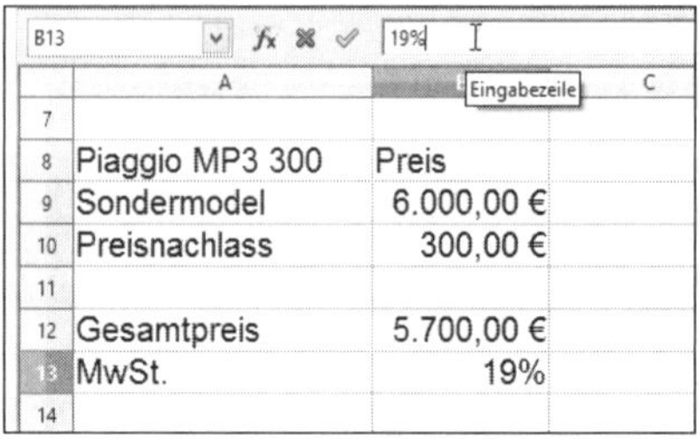

Abb. 8.22: Das Prozentzeichen über die Tastatur eingeben

Wenn Sie mit der Schaltfläche *Übernehmen* bestätigen, wird Ihnen der korrekte Satz angezeigt. Aber die beiden Nachkommastellen stören doch noch ein wenig.

Das lässt sich aber einfach ändern. Betätigen Sie zweimal die Schaltfläche *Zahlenformat: Dezimalstelle löschen*.

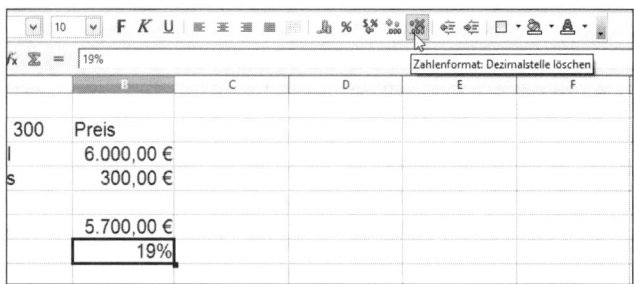

Abb. 8.23: Die Nachkommastellen entfernen

> **TIPP**
>
> Beachten Sie: Die Dezimalstellen werden nicht gelöscht, sondern lediglich ausgeblendet. In unserem Beispiel macht das keinen Unterschied. Betragen diese aber nicht Null, dann wird Ihnen ein kaufmännisch gerundeter Wert angezeigt, Calc rechnet aber mit dem ungerundeten.

Jetzt können wir den Endbetrag in der Zelle B15 ausrechnen.

Dieser setzt sich aus dem Gesamtpreis und der Mehrwertsteuer zusammen. Letztere muss allerdings noch berechnet werden. Dazu wird der Gesamtpreis in Zelle B12 mit der Mehrwertsteuer in Zelle B13 multipliziert (malgenommen).

> **TIPP**
>
> Das *-Zeichen finden Sie am schnellsten auf der numerischen Tastatur. Es wird Ihnen dort in Form eines kleinen Sternchens angezeigt. Verwenden Sie keinesfalls den Punkt, denn dieser ist ein geschütztes Zeichen und darf hier nicht verwendet werden.

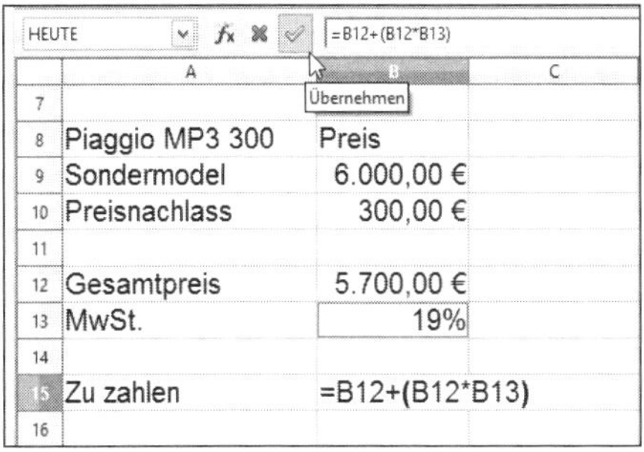

	A	B	C
7			
8	Piaggio MP3 300	Preis	
9	Sondermodel	6.000,00 €	
10	Preisnachlass	300,00 €	
11			
12	Gesamtpreis	5.700,00 €	
13	MwSt.	19%	
14			
15	Zu zahlen	=B12+(B12*B13)	
16			

Abb. 8.24: Den Endbetrag ausrechnen

Clever kalkulieren

Nach einem letzten Klick auf die Schaltfläche *Übernehmen* steht auch der zu zahlende Betrag fest.

Speichern Sie das Ergebnis noch einmal ab und schließen Sie das Dokument über *Datei / Schließen*.

Rechnen mit Calc

Nachdem Sie nun einen Eindruck von der Leistungsfähigkeit des Programms bekommen haben, geht es im Folgenden darum, Ihnen einen Einblick in die weiteren Möglichkeiten einer Tabellenkalkulation zu verschaffen.

Da Sie im letzten Abschnitt das Dokument geschlossen haben, müssen Sie zunächst ein neues anlegen.

Befinden Sie sich im *Start Center*, klicken Sie auf die Schaltfläche *Tabellendokument*. Befinden Sie sich noch im Programm, genügt es, auf die Schaltfläche *Neu* zu klicken und den Eintrag *Tabellendokument* auszuwählen.

Speichern Sie es gleich unter der Bezeichnung *Einfache Berechnungen* ab.

Einfache Berechnungen mit Pfiff

Unsere Motorroller GmbH möchte eine Aufstellung der laufenden Ausgaben haben.

Erstellen Sie die Tabelle wie in der folgenden Abbildung ersichtlich.

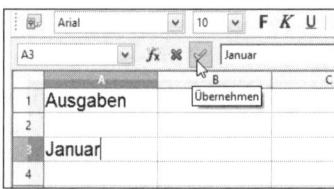

Abb. 8.25: Die Tabelle entsteht

Nun könnten Sie in Zelle B4 den nächsten Monat schreiben, aber das lassen wir Calc machen.

Bewegen Sie stattdessen einfach den Mauszeiger auf das kleine Quadrat am unteren rechten Rand der Markierung.

Wenn der Mauszeiger die Form eines dünnen Kreuzes annimmt, ziehen Sie das Quadrat bei gedrückter Maustaste nach unten.

Abb. 8.26: Einfach nach unten ziehen

Wie Sie anhand der kleinen *QuickInfo* sehen, füllt Calc die Zellen mit den entsprechenden Monaten aus.

Lassen Sie den Mauszeiger bei der Anzeige des Monats *Juli* los.

Abb. 8.27: Die ausgefüllte Reihe

Belassen Sie die Markierung auf dem Monat *Juli*, bringen Sie diese Zelle über die Schaltfläche *Ausschneiden* in die Zwischenablage und setzen Sie die Markierung auf C3.

Dort fügen Sie den Inhalt der Zwischenablage über die Schaltfläche *Einfügen* ein.

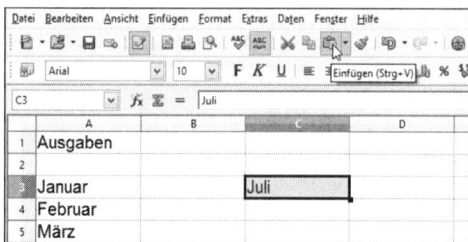

Abb. 8.28: In die Zelle C3 einfügen

Vervollständigen Sie anschließend wie oben gezeigt die Reihe des Jahres.

Füllen Sie nun die Zellen hinter den Monaten mit beliebigen Zahlen (Sie können auch die aus der folgenden Abbildung nehmen).

	A	B	C	D
1	Ausgaben			
2				
3	Januar	1200	Juli	3500
4	Februar	3500	August	250
5	März	1250	September	5000
6	April	2990	Oktober	780
7	Mai	5400	November	385
8	Juni	420	Dezember	98
9				
10				

Abb. 8.29: Die Werte

Diese Zahlen verkörpern die Ausgaben in Euro und sollen dementsprechend gleich formatiert werden.

Zeigen Sie dazu auf die Zelle B3 und ziehen Sie bei gedrückter Maustaste nach unten bis zur Zelle B8. Die so überstrichenen Zellen werden markiert und invers dargestellt.

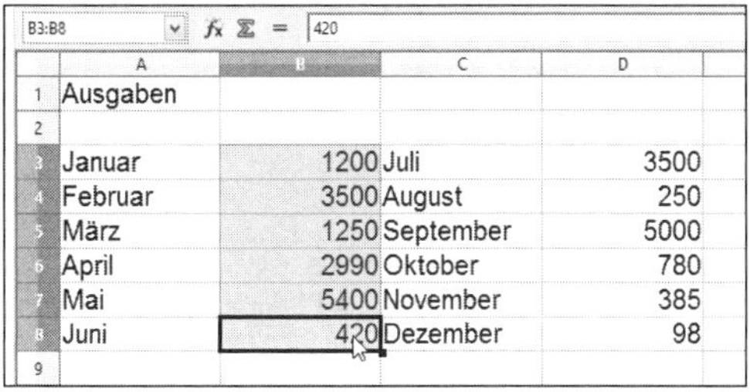

Abb. 8.30: Die erste Reihe ist markiert

Da gleichzeitig die zweite Wertespalte mit markiert werden soll, müssen Sie die [Strg]-Taste halten, während Sie diese markieren. Andernfalls würde die Markierung nur in die zweite Spalte springen und die erste wäre nicht mehr markiert.

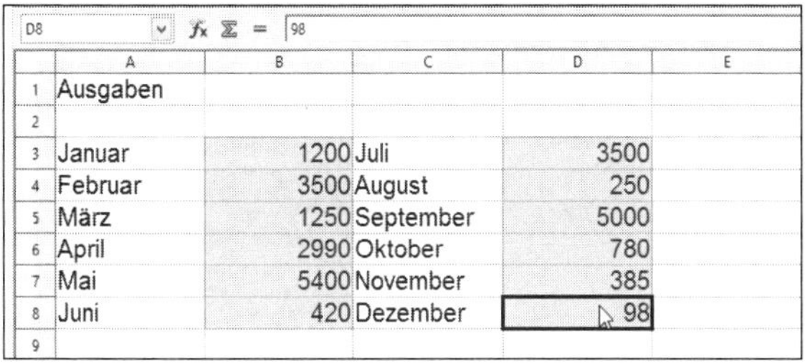

Abb. 8.31: Zum Markieren die [Strg]-Taste halten

Haben Sie das erledigt, klicken Sie auf die Schaltfläche *Zahlenformat: Währung*.

Nun sollen die Werte des ersten Halbjahres zusammengerechnet werden. Das Ergebnis nennt man in einschlägigen Kreisen eine Summe und diese wird von Calc automatisch berechnet.

Dazu müssen Sie lediglich den Cursor in die darunterliegende Zelle, also B9, setzen und in der Rechenleiste auf das Symbol *Summe* klicken.

Abb. 8.32: Eine Summe anlegen

Anschließend bestätigen Sie noch mit einem Klick auf den grünen Haken (*Übernehmen*) und schon steht das Ergebnis in der Zelle.

Abb. 8.33: Die fertige Summe

Wenn Sie einen Blick auf die Rechenleiste werfen, erkennen Sie auch die Formel, die Calc angelegt hat. Das Wort *Summe* ist die Funktion und die Angaben in den Klammern bezeichnen den *Bereich*, der berechnet werden soll. In unserem Fall geht der Bereich von der Zelle B3 bis (dafür steht der Doppelpunkt) zur Zelle B8.

Das Ergebnis für das zweite Halbjahr könnten Sie nun auf die gleiche Art erzielen. Im Folgenden sollen Sie jedoch noch eine weitere Möglichkeit kennenlernen und dabei erfahren, was es mit dem *relativen Kopieren* auf sich hat.

Bewegen Sie den Mauszeiger einmal auf das kleine Quadrat am unteren rechten Rand der Markierung. Es wird auch *Kopierquadrat* genannt und erfüllt genau diesen Zweck.

Ziehen Sie es bis zur Zelle D9.

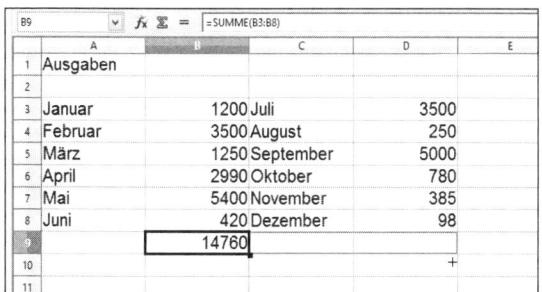

Abb. 8.34: Die Formel nach rechts kopieren

Dort lassen Sie die Maustaste los und schon steht das Ergebnis in der Zelle.

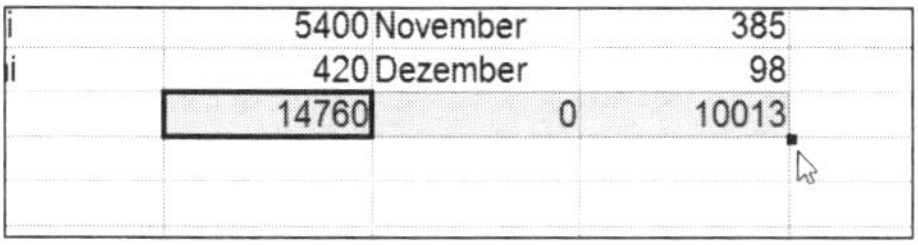

Abb. 8.35: Und schon ist das Ergebnis da

Wenn Sie jetzt einmal nur die Zelle D9 markieren und in die Rechenleiste schauen, werden Sie sehen, dass dort die Formel – angepasst an die Werte des zweiten Halbjahres – steht. Das ist ein Resultat des relativen Kopierens.

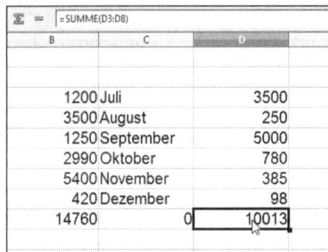

Abb. 8.36: Die Formel wurde relativ angepasst

Was jetzt noch stört, ist der Wert in der Zelle C9, denn er macht keinen Sinn. Deshalb löschen wir ihn einfach.

Markieren Sie die Zelle und betätigen Sie die [Entf]-Taste.

Sie erhalten das Dialogfenster *Inhalte löschen*, welches Sie auf die Elemente aufmerksam macht, die gelöscht werden (können).

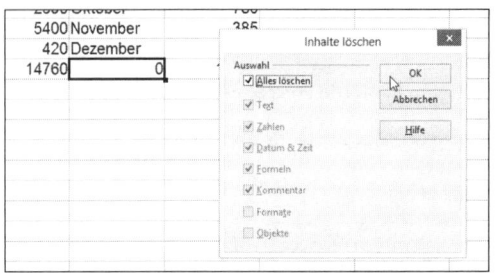

Abb. 8.37: Den unnützen Wert löschen

In unserem Fall können Sie die Vorgaben übernehmen und klicken auf *OK*. Nun passt es.

Ein Diagramm erstellen

Den Aussagewert einer Reihe von Zahlen kann man oft erst nach einem ausführlichen Studium richtig erfassen. Schneller geht es da mit einer grafischen Darstellung, bei der man gleich erkennt, woran man ist.

Wie Sie gleich sehen werden, erfolgt das Erstellen dialoggesteuert, sodass Sie sich recht rasch über ein ansehnliches Diagramm freuen können.

Markieren Sie zunächst den Bereich, der grafisch dargestellt werden soll. In unserem Beispiel soll das zweite Halbjahr in einem Diagramm erscheinen. Deshalb sind die Zellen C3 bis D8 zu markieren.

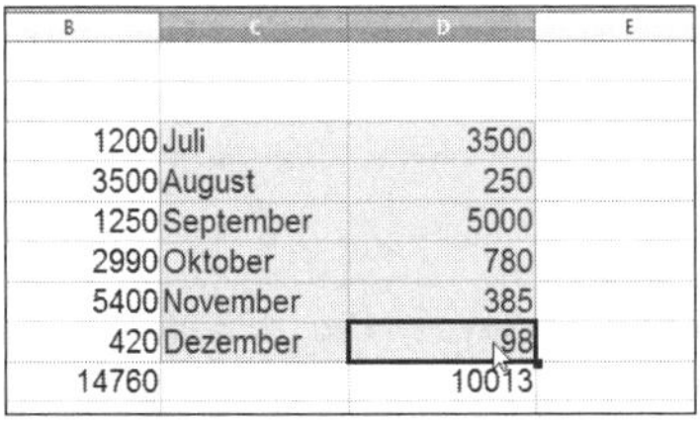

B
C
D
E
1200 Juli 3500
3500 August 250
1250 September 5000
2990 Oktober 780
5400 November 385
420 Dezember 98
14760 10013

Abb. 8.38: Die Daten des zweiten Halbjahres markieren

Klicken Sie dann auf die Schaltfläche *Diagramm*.

Fenster Hilfe
Diagramm
D
E
F
3500
250
5000
780
385
98
10013

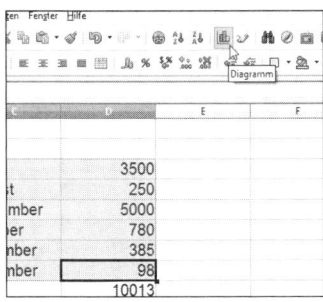

Abb. 8.39: Den Diagramm-Assistenten starten

Augenblicklich wird unterhalb von dem markierten Bereich das Diagramm generiert und daneben das Dialogfenster *Diagramm-Assistent* eingeblendet.

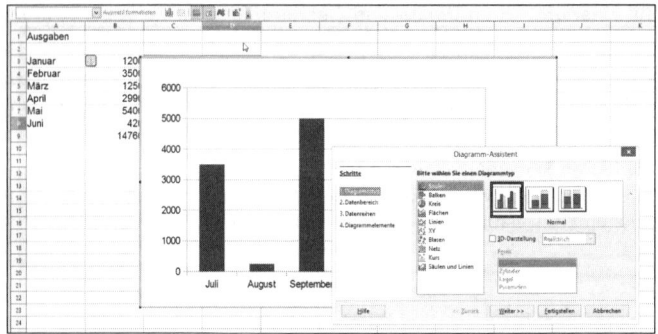

Abb. 8.40: Alles steht bereit, das Diagramm zu vollenden

Der Diagramm-Assistent wird Sie durch vier Schritte begleiten.

Im ersten Schritt können Sie den *Diagrammtyp* auswählen.

In der Liste finden Sie eine Reihe an verschiedenen Diagrammtypen, die Sie einfach anklicken und die Ihnen gleich in Echtzeit auf dem Tabellenblatt angezeigt werden.

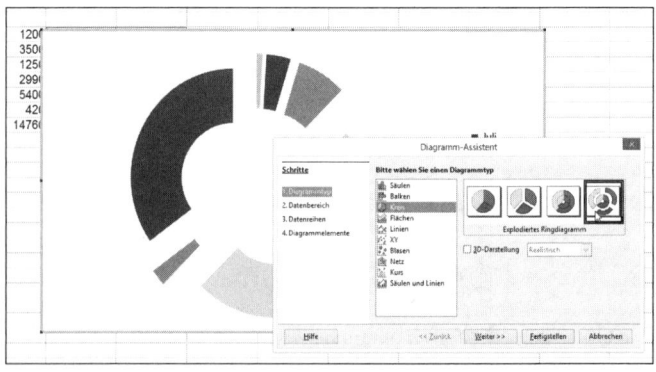

Abb. 8.41: Wählen Sie einen Diagrammtyp und eine Variante

Je nach gewähltem Diagrammtyp erhalten Sie eine Reihe an Varianten zur Auswahl, die Sie einfach anklicken müssen.

Sie haben Ihren Favoriten gefunden? Gut, dann geht es wieder mit einem Klick auf die Schaltfläche *Weiter* einen Schritt weiter.

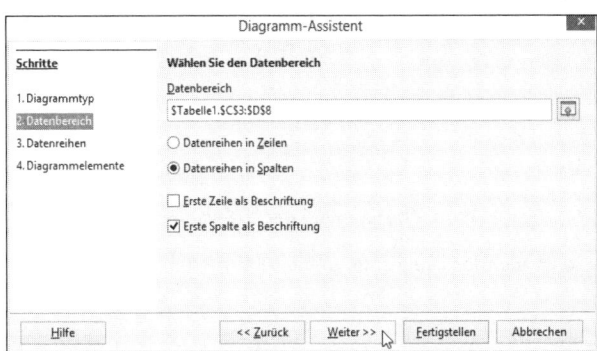

Abb. 8.42: Angaben zum Datenbereich

In diesem Fenster wird der markierte Bereich angezeigt und Sie können bestimmen, welche Beschriftungen verwendet werden sollen.

Klicken Sie auf *Weiter*, um ins nächste Dialogfenster zu gelangen. Hier können Sie einen speziellen Datenbereich für die *Datenreihen* festlegen. An dieser Stelle müssen Sie keine Angaben machen.

Deshalb geht es mit einem Klick auf *Weiter* ins nächste Dialogfenster, in dem Sie so nützliche Dinge wie den *Titel* oder die Beschriftung der *X-* oder *Y-Achse* festlegen können.

Tragen Sie in das Feld *Titel* Ausgaben 2. Hj. und nach Aktivierung des Kontrollkästchens *X-Achse* in dessen Feld den Wert 2013 ein (siehe Abbildung 8.42).

Das war es auch schon mit den Eingaben und es bleibt Ihnen nur noch, auf die Schaltfläche *Fertigstellen* (oder, falls Sie etwas vergessen haben, auf die Schaltfläche *Zurück*) zu klicken.

Abb. 8.43: Die Darstellung des Diagramms festlegen

Calc vollendet das Diagramm gemäß Ihren Wünschen.

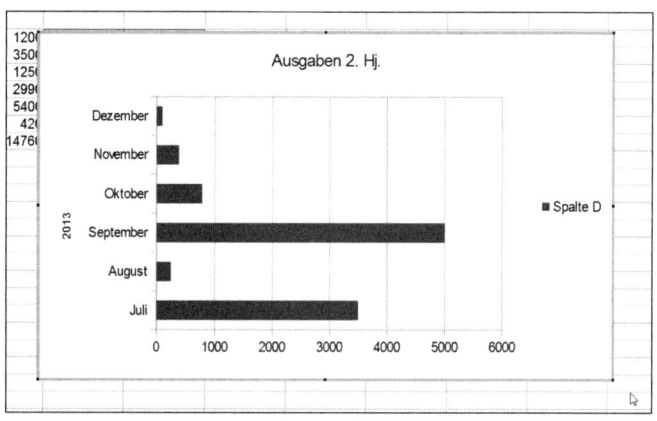

Abb. 8.44: Das fertige Diagramm im Tabellenblatt

Da gegenwärtig noch die wenig aussagekräftige Bezeichnung *Spalte D* angezeigt wird, entfernen Sie diese mit einem Klick auf die Schaltfläche *Legende ein/aus*.

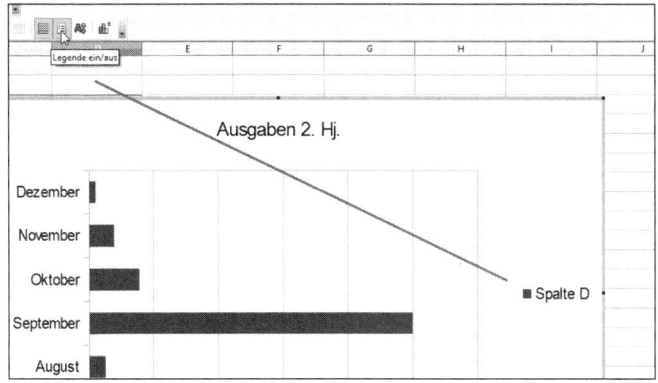

Abb. 8.45: Die Legende ausblenden

> **TIPP**
>
> Sollten die Symbolleisten aus obiger Abbildung nicht auf Ihrem Schirm erscheinen, müssen Sie einen Doppelklick auf das Diagramm ausführen, um in den Bearbeitungsmodus zu gelangen.

Sollte Ihnen der Diagrammtyp nicht (mehr) gefallen, dann können Sie ihn jederzeit ändern.

Dazu genügt ein Klick auf die Schaltfläche *Diagrammtyp ändern* und die anschließende Auswahl im folgenden Dialogfenster (siehe Abbildung 8.46).

Darüber hinaus lässt sich das Diagramm auf vielfältige Weise intuitiv gestalten. Möchten Sie beispielsweise den höchsten Wert mit einer anderen Farbe versehen, führen Sie einen Doppelklick auf das Element aus und Sie können im folgenden Dialogfenster die erforderlichen Einstellungen vornehmen.

Um das gewünschte Ergebnis zu erzielen, müssen Sie die Registerkarte *Fläche* aktivieren und anschließend aus dem Feld *Füllung* die gewünschte Farbe auswählen (siehe Abbildung 8.47).

Clever kalkulieren

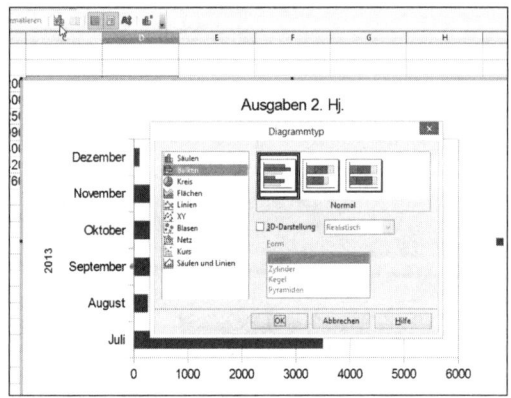

Abb. 8.46: Den Diagrammtyp ändern

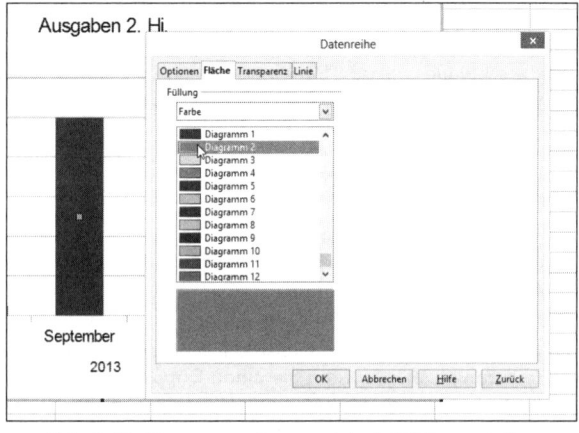

Abb. 8.47: Diagramme lassen sich vielfältig gestalten

Allgemeine Hinweise

Apache OpenOffice 4.1.0 ist ein kleines ‚Feature Release', d.h. eine Version in welcher, zusätzlich zur Beseitigung von Fehlern, neue Funktionalitäten ins Programm integriert wurden. Allen Benutzen von AOO (oder älter) wird empfohlen auf AOO 4.1.0 zu aktualisieren. Sie können Apache OpenOffice hier herunterladen.

Bitte lesen Sie diese Release Notes um zu wissen was neu in dieser Programmversion ist, und um sich über wichtige Bemerkungen über bekannte Probleme und deren Abhilfen zu informieren.

Zusammen mit den folgenden Hinweisen bietet unsere Bugzilla-Datenbank einen umfassenden Überblick über behobene Probleme.

Weitere allgemeine Verbesserungen umfassen: Verbesserung der Interoperabilität, Funktionserweiterungen, Fehlerbehebungen und neue und aktualisierte Übersetzungen.

Neue Funktionen

Kommentare/Anmerkungen zu Textbereichen

In Writer sind Kommentare/Anmerkungen jetzt auch auf Textbereiche anwendbar und nicht nur auf Positionen innerhalb eines Textes.

Diese Funktion wurde im Open Document Format (ODF) in der Version 1.2 eingeführt und verbessert, unter anderem um die Interoperabilität mit dem OOXML-Dateiformat zu verbessern, aber bis jetzt noch nicht in OpenOffice implementiert. Das Projekt OOXML-Erweiterung der OpenSource Business Alliance (OSBA) enthält die Umsetzung dieser Funktion. Die vorliegende Funktion ist eine verbesserte Version von SUSE für dieses OSBA Projekt, bei dem die Patches unter der Apache-Lizenz 2.0 zur Verfügung gestellt werden.

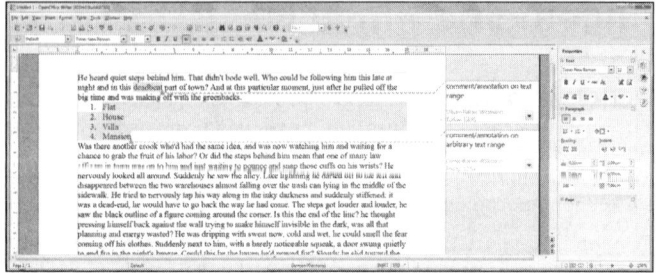

Einzelheiten:

⇨ Kommentar / Anmerkung auf einen Textbereich in einem Absatz (Teil des OSBA-Projekts)

⇨ Kommentar / Anmerkung auf beliebige Textbereiche

⇨ Kommentare / Anmerkungen auf überlappende Textbereiche

⇨ Markieren von Kommentaren / kommentierten Textbereichen (Teil des OSBA Projekts sowie notwendiger Verbesserungen)

⇨ ODF Import / Export

   ⇨ Grund Import / Export-Funktionen (Teil des OSBA Projekts sowie Korrekturen erforderlich)

   ⇨ Unterstützung für Autor Initialen (Teil des Projekts und die OSBA benötigt ODF Konformität Fix)

⇨ Import OOXML

   ⇨ Import-Funktionalität (Teil des OSBA -Projekts)

   ⇨ Import von Autor Initialen (Teil des Projekts und das OSBA-Projekt benötigt Fix)

   ⇨ Import von Autor und Erstellungsdatum

Unterstützung für iAccessible2

OpenOffice 4.1 (Windows -Version) integriert IAccessible2 Unterstützung und bietet eine bessere Integration mit Screen-Readern wie JAWS und NVDA. Diese Funktion wird automatisch aktiviert, wenn ein MSAA/IA2 kompatibler Screenreader läuft. Zahlreiche Zugänglichkeits-Verbesserungen und Bugfixes sind in Writer, Impress und Calc enthalten. OpenOffice 4.1 ermöglicht eine viel bessere Benutzbarkeit für Windows-Anwender mit Sehbehinderungen als vorherige Versionen.

Verbesserungen / Erweiterungen

In-Place-Bearbeitung von Eingabefeldern

In Writer wurde die Benutzung von Feldern des Typs Eingabefeld, basierend auf Anwendererfahrungen, verbessert.

Der Benutzer kann nun den Inhalt eines Eingabefelds direkt im Textbereich des Dokuments ändern - es ist kein zusätzlicher Dialog notwendig. Beim Betreten bzw. Verlassen eines Eingabefeldes mit dem Cursor erhält der Benutzer eine entsprechende Rückmeldung. Hierbei wird ein Begrenzungsrechteck um das Eingabefeld gezogen:

Wenn sich der Cursor in einem Eingabefeld befindet kann der Anwender zum nächsten oder vorherigen Eingabefeld mit der ⇥-Taste bzw. der Tastenkombination [Strg] - [↹] navigieren. Um ein [↹]-Zeichen in einem Eingabefeld einzufügen ist [Strg] - [↹] zu verwenden.

In schreibgeschützten Textbereichen kann der Benutzer weiterhin die vorhandenen Eingabefelder bearbeiten und zwischen ihnen navigieren. Auch die Feldschattierungen sind in schreibgeschützten Bereichen für Eingabefelder sichtbar.

Eingabefelder können nur Text ohne Formatierung enthalten, dementsprechend werden die entsprechenden Bearbeiten- und Einfügen-Aktionen für Eingabefelder beschränkt und Zeichenformatierungen werden auf das komplette Eingabefeld bezogen. Dies bedeutet im Vergleich zu früheren Versionen von OpenOffice keine Veränderung.

Weitere Informationen über diese neue Funktion finden Sie im Projekt-Wiki - siehe *https://wiki.openoffice.org/wiki/Writer/Input_Fields* (Englisch).

Interaktive Funktion zum Zuschneiden

Die interaktive Zuschneidefunktion für ausgewählte Grafikobjekte in Draw und Impress ermöglichte bereits in früheren Programmversionen ein intuitives Zuschneiden von Graphikobjekten. Allerdings hat es bisher nur einwandfrei funktioniert, wenn das Objekt nicht transformiert war, außer übersetzt und skaliert. Für AOO 4.0 wurde eine Vorschau auf das neue Feature des Zuschneidens bereits aufgenommen. Für AOO 4.1 wird das interaktive Zuschneiden nun in Kombination mit allen möglichen Grafikobjekt- Transformationen funktionieren. Wenn Ihre Grafikobjekte gedreht, geschert, in X und/oder Y gespiegelt wurden, können sie jetzt interaktiv einwandfrei abgeschnitten werden. Auch das freigestellte Ergebnis wird korrekt in allen Kombinationen von Transformationen und allen möglichen grafischen Inhalten wiedergegeben (Pixel- Grafiken , Metadateien , SVG , ...) in allen Exporten (Drucken, PDF-Export , ...).

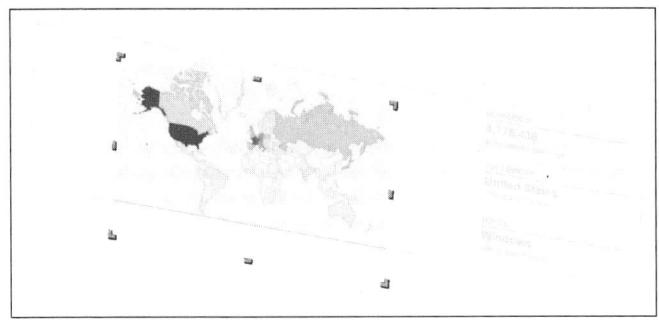

Vorstehende Abbildung zeigt eine gedrehte und gescherte Grafik, die interaktiv abgeschnitten wird, um nur einen Teil der Weltkarte zu zeigen.

Bild aus Datei importieren und Drag & Drop von Graphikobjekten

Das Importieren von Bild- / Grafik-Daten aus Dateien und Drag & Drop der Daten/Objekte wurde erweitert und für alle Situationen und alle Anwendungen von AOO 4.1 vereinheitlicht. Das Hauptziel war es, die Wiederverwendung von vorhandenen Dokumenten oder das Kopieren / Einfügen von einzelnen Seiten zu erleichtern, indem einfacher Austausch der Inhalte der bestehenden Grafik- Objekte ermöglicht wird. Sie können nun zum Beispiel per copy/paste einfach den Grafikinhalt der Grafikobjekte ersetzen, ohne ihre Position oder Ausrichtung zu verändern. Dies ist auch möglich für Writer Grafik-Objekte, so z. B. beim Kopieren / Einfügen in Writer Seiten.

Die folgenden Aktionen erlauben die gleiche Arbeitsweise in allen AOO 4.1 Anwendungen:

Für die Verwendung des jeweiligen Bildes aus dem Datei-importieren-Dialog:

⇨ Wenn kein Grafikobjekt ausgewählt ist, wird ein neues an der Cursorposition eingefügt werden (wie üblich)

⇨ Wenn ein Grafikobjekt ausgewählt ist, wird sein Inhalt ohne Änderung der Position oder Orientierung ersetzt

⇨ Wenn ein Draw-Objekt ausgewählt ist, wird der neue Grafik- Inhalt als Grafik-Füllung für dieses Objekt verwendet werden

⇨ In den ersten beiden Fällen wird eine Auswahl der Verknüpfen-Funktion im Dialog ein verknüpftes Grafikobjekt erstellen.

Für Drag & Drop:

⇨ Wenn kein Grafikobjekt an der Zielposition existiert wird ein Neues dort eingefügt werden (wie üblich)

⇨ Wenn es ein Grafikobjekt an der Zielposition gibt, wird sein Inhalt ohne Änderung der Position oder Orientierung ersetzt

⇨ Wenn es ein Draw -Objekt an der Zielposition gibt, wird der neue Grafikinhalt als Grafikfüllung für dieses Objekt verwendet

⇨ Das Drücken von [Strg] + [⇧] wird in den ersten beiden Fällen ein verknüpftes Grafikobjekt erstellen

Diese Erweiterungen gehen auf einen Verbesserungsvorschlag in Bugzilla zurück. Vielen Dank für Ihr Interesse, und die Übermittlung von Vorschlägen in AOO Bugzilla!

Laden und Importieren von 3D- Charts verbessert

Es gab ein Performance-Problem, in älteren Programmversionen, wenn Dokumente mit großen 3D-Diagramme geladen (eigene Formate) oder importiert (externes Format) wurden. Dieses Problem ist in AOO 4.1.0 beseitigt worden. Nachfolgende Abbildung zeigt ein Beispiel-Dokument (External mit einer riesigen Tabelle enthält 100x100x5 vertikale 3D- Daten- Kästen), welches in Versionen vor AOO 4.1.0 gar nicht importiert werden konnte. Es kann nun, in AOO 4.1.0, in Sekunden geladen werden und sieht wie folgt aus:

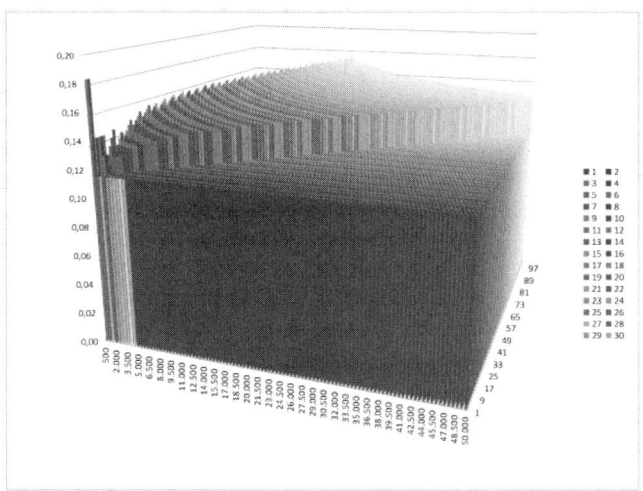

Diese Verbesserung erlaubt es, mit viel größeren 3D-Charts in AOO 4.1 zu arbeiten.

Verbesserte Grafik- Modifikationen / Filter für Vektor-Grafiken

Bei der Anwendung von Änderungen und / oder Filter auf Grafikobjekte wurde in früheren AOO-Versionen oft intern eine Änderung der existierenden Vektorgraphik (SVG oder Metafile) in eine Pixelbasierte Grafik angewandt. Dies machte jedoch die Vorteile der Vektorgrafik zunichte und führte oft zur schlechten Ausgangsqualität für Druck und PDF-Export. Auch variierte der Umgang mit Grafikobjekten zwischen Writer und anderen AOO-Anwendungen hinsichtlich dieser Implementierung. Dies wurde in AOO 4.1.0 vereinheitlicht, sodass intern alle Verwendungen von Vektordaten in Grafikobjekten für die Zukunft weitgehend nicht mehr den genannten Problemen unterliegen.

Es ist nicht möglich, in AOO alle Modifikationen für Vektorgrafikobjekte anzubieten, aber für viele konnte das Verhalten verbessert werden. Vektorgraphiken bleiben bei folgenden Modifikationen unangetastet:

⇨ Graustufen

⇨ Schwarz / Weiß

⇨ Wasserzeichen

⇨ Transparenz (zusätzliche , 0 % bis 100 %)

⇨ Rot / Grün / Blau -Modifikation (-100% bis 100%)

⇨ Helligkeit (-100 % bis 100 %)

⇨ Kontrast (-100 % bis 100 %)

⇨ Gamma Correction (0,10 bis 10)

Dies funktioniert auch für alle Kombinationen der obigen Modifikationen. Diese Erweiterung ist bereits in den Bildschirmansichten sichtbar, aber Hauptziel ist die Steigerung der Druck und PDF-Export-Qualität (und andere Exporte, die Vektordaten enthalten können). Nachstehend ist ein Beispiel zu sehen (links: AOO 4.0.1, rechts: AOO 4.1.0), es ist jeweils die gleiche SVG-Grafik, um Graustufen geändert, dargestellt:

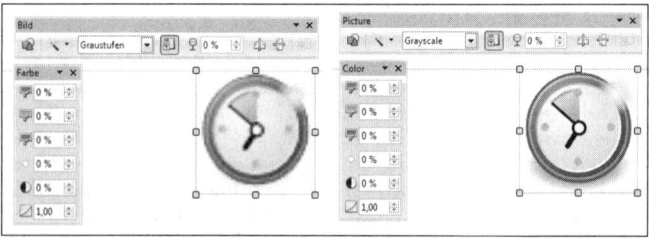

Originale Graphikdaten behalten, immer wenn möglich

Frühere Versionen von AOO änderten (teilweise) die Art der eingefügten Graphikdaten, wurden zum Beispiel JPEG-Dateien eingefügt wurden diese in einigen Szenarien zu PNG gewandelt und in den ODF-Dateien gespeichert. Diese Szenarien wurden für die verschiedenen AOO-Anwendungen, da sie nicht die gleiche interne Behandlung aufwiesen, teils verschieden behandelt . Dies wurde verbessert, so dass AOO 4.1.0 gleich in allen Anwendungen versucht immer die ursprünglichen Graphikdaten einzufügen wenn möglich. Dies ergibt nicht nur Vorteile für die Dateigröße der erstellten ODF-Dateien, sondern auch für die Bildqualität. Es gab z.B. bisher Situationen, in denen JPEG-Dateien in JPEG umcodiert wurden, was in keinem Fall zu verbesserter Bildqualität führte, aber das Potenzial hatte sie zu verringern .

Zwischenablage - Erweiterungen für Grafikinhalt

Die Clipboard-Unterstützung für den Austausch von PNG wurde weiter verbessert, so dass die pixelbasierten Grafik-'Modifikations-Zyklen' (z. B. Kopieren von grafischen Inhalten auf eine externe Anwendung, dortiges Modifizieren und Rückkopieren in AOO) besser mit externen Bildeditoren zusammenwirken.

Andere Verbesserungen / Erweiterungen

Seamonkey durch NSS (»Network Security Services«) ersetzt

Veralteter Code von Mozilla, der verwendet wurde um Kryptographie-Services und Adressbuch-Zugang zu implementieren wurde durch die modereren und sichereren NSS-Bibliotheken ersetzt. Hierdurch wird der Build-Prozess und die Wartung des Quellcodes erheblich vereinfacht und ist transparenter für Nutzer im Allgemeinen.

Endanwender sind nur auf folgende Weise betroffen:

⇨ Unter Windows XP wird versucht, das Windows-Adressbuch als OpenOffice-Datenbank hinzuzufügen. Das war schon immer der Fall auf allen neueren Windows-Versionen (Windows Vista, Windows 7 und Windows 8).

⇨ Thunderbird-Anwender sehen direkt Unterstützung im Adressbuch-Assistenten von OpenOffice, können aber auch die Unterstützung für CSV nutzen. Anwender können in Thunderbird Extras-> Export -> AsCsv nutzen, um ihr Adressbuch als Komma getrennten Text zu verwenden.

⇨ authentifizierter LDAP-Zugang wird nicht unterstützt (der nicht-authentifizierte Zugriff wurde schon bisher nicht unterstützt).

Entfernte Funktionen

Keine Unterstützung mehr für Macintosh OSX 10.6 und niedrigere Versionen. Bitte beachten Sie die Systemanforderungen.

Bug Fixes

Sehen Sie die Liste in Bugzilla.

Zusätzliche Sprachenunterstützung

Neue Übersetzungen die in Apache OpenOffice 4.1.0 enthalten sind:

Bulgarisch (bg)	Dänisch (da)	Hebräisch (he)
Hindi (hi)	Kazakh (kk)	Norwegian Bokmal (nb)
Thai (th)		

Aktualisierte Übersetzungen die in Apache OpenOffice 4.1.0 enthalten sind:

Basque (eu)	Niederländisch (nl)	Deutsch (de)
Litauisch (lt)	Portugiesisch (pt)	Serbisch (sr)
Spanisch (es)	Türkisch (tr)	

Eine komplette Liste der verfügbaren Sprachen und Sprachpakete finden Sie unter:

http://www.openoffice.org/download/other.html

Neue und aktualisierte Wörterbücher

Neue Wörterbücher

Litauisch (lt)	Portugiesisch (pt-PT)

Aktualisierte Wörterbücher

Englisch (en) (*)	Deutsch (de)	Gälisch (gd)

(*) Die Extension enthält verschiedene Englisch-Sprachvarianten. Nur das en-GB Wörterbuch wurde aktualisiert.

Bekannte Probleme

⇨ Apache OpenOffice 4.1.0 wird durch das neue Gatekeeper-Feature in Mac OS X Mountain Lion und Maverick gekennzeichnet werden. Dies ist eine neue Funktion, um den Schutz gegen Malware auf Mac-Systemen zu verbessern. siehe: *http://support.apple.com/kb/HT5290*.

⇨ Apache OpenOffice 4.1.0 unterstützt Java 7, welche als Java-Version auch empfohlen ist, aber (vor allem auf 64-Bit- Windows) können fehlerhafte Warnungen bezüglich der Java-Version auftreten. In diesem Fall, downloaden und installieren Sie das Microsoft Visual C + + 2010 Redistributable Package. Wenn Sie immer noch Probleme haben, installieren Sie die aktuellste Version JRE 6. Stellen Sie sicher, dass Sie die Datei bekommen »Windows x86 Offline (32- Bit)« . Dann konfigurieren Openoffice , es zu » Extras - Optionen - Openoffice - Java » zu verwenden. In diesem Forumsbeitrag finden Sie weitere Informationen.

⇨ Wörterbücher für Rechtschreibprüfung sind vorübergehend nur in komplett lokalisierte Versionen und nicht Language Packs (Issue 124423) enthalten. Sie können als Erweiterungen mit Extras-> Extension Manager installiert werden.

⇨ Unter bestimmten Umständen können Bilder in Writer-Dokumenten verloren gehen, für technische Einzelheiten siehe bug 124717 in Bugzilla.

Weitere Neuerungen

Neben den bereits aufgeführten Neuerungen und Programmverbesserungen kann nicht auf alle Detailänderungen und Bug-Fixes eingegangen werden.

Index

Symbole
3D-Einstellungen 175
*.bmp 178
*.gif 178
=heute() 213
*.jpg 178
=Summe() 226

A
Abfragen 116, 140
  erstellen 140
Absatzendmarke 40
Absatzformatierung 73
  Übersicht 76
Angebot
  erstellen 209
Anordnung
  von Objekten 177
Anrede 98
Ansicht
  Foliensortierung 195
  Gliederung 197
  Handzettel 195
  Normal 196
  Notizen 194
  Präsentation 193
Apache OpenOffice 10
Aufgabenbereich 194
Aufzählungsliste 76
Aufzählungspunkte 76, 198
  umsortieren 77
Ausgabemedium 187
Ausgangsdokument 144
AutoKorrektur 47

B
Base 10, 114
  Bereich Aufgaben 116
Basisdokumente 100
Beamer 186
Bereich
  Begriff 226
Berichte 116, 138
  mit Assistent erstellen 138
Betreff 97
Bewegen im Text 50
Bezugszeichenzeile 92
Bilder
  Impress 204
Bildfolie 204
Bildschirmpräsentation 191
Blattregister 208
Blocksatz 73
Brieftext 98
Briefumschläge 107
Buch-CD 11

C
Calc 10, 201, 208
Cursor 36
  mit Tastatur bewegen 50

D
Datei abspeichern
  Writer 56
Dateiendung
  Writer 57
Datenbank 114
  in OpenOffice anmelden 115
  neue erstellen 115

Datenbankfenster 116
Datenquelle 144
Datensatz
  eingeben 127
  löschen 136
Datum
  Calc 213
Datumreihe 223
Diagramm 229
  einfügen 229
  erstellen 228
  gestalten 233
  Impress 202
Diagrammfolie 202
Diagrammtypen 230
  ändern 233
  Calc 230
Dokument
  neues erstellen 64
  neues Writer-Dokument anlegen 59
  schließen 59
  zuletzt benutztes öffnen 59
Dokumentfenster 32
Dokument-Konverter 25
Dokumentvorlage 101
Draw 10, 168
  als Grafik exportieren 177
  einfaches Objekt erstellen 171
  Logo erstellen 169
Druckbereich 36
Drucken 61
  Vorgang bestimmen 62

E
Eckanfasser 87
Effekt 187
Einfügestelle 196
Einzug
  erhöhen 73
  vermindern 73
E-Mail 164
E-Mail-Nachricht 147
Entf-Taste 54
Erstellungsdatum 96
Erstzeileneinzug 75
Exportieren 177, 178
Extrusion 175

F
Feldbefehl 96
Felddatentypen 122
Feldeigenschaften 128
Felder
  auswählen 122
Fettdruck 68
Flächenstil/-füllung 89
Folien
  Anzahl festlegen 189
  Art des Wechsels 188
  Bilder einfügen 204
  Diagramm 202
  Effekte beim Wechseln 187
  entfernen 198
  Film einfügen 205
  Geschwindigkeit des Wechsels 188
  Gliederung 194
  Layouts zuweisen 200
  markieren 197
  mit Folien arbeiten 191
  Navigieren während Präsentation 192
  Registerkarte 193
  Reihenfolge ändern 196
  Tabellen 200
  Texte bearbeiten 196

Verwendungszweck 187
weitere erzeugen 199
Folienansicht 194
Folienwechsel 188
Fontwork 86
   Gallery 86
   Objekt formatieren 89
Formatieren
   Begriff 68
Format-Symbolleiste 35
Formel 217
   Datum 213
   Eingabe übernehmen 213
   eingeben 212
Formulare 116, 130, 131
   erstellen 131
   schließen 136
Füllung
   Objekte 171

G

Gesamtpreis
   berechnen 218
Geschwindigkeit 188
Gewählte Felder 120
Gliederung
   Folien 194

H

Hängender Einzug 74
Hochformat 80

I

Impress 10, 186
Inkonsistenzen 118
installieren 14

J

Java-Laufzeitumgebung 19

K

Karteikästen 114
Kommentare 54
Kopf- und Fußzeile 85
Kopierquadrat 227
Korrekturtaste 53
Korrigieren 53
Kursiv 68

L

Layout 200
Lineal 74
Linealleiste 36
Linie
   anheften 183
   formatieren 183
Linienführung 184
   ändern 184
Linien-Verbinder 183
Linksbündig 73
Logo
   mit Draw 169
Löschen 54

M

Markieren 52
Maßstabsstufe 37
Mehrwertsteuer 218
   berechnen 221
Menüleiste 34

N

Nächster Datensatz 135
Navigieren
   Bildschirmseite 51
   im Text 50
   Textanfang/Textende 50
   Zeilenende/Zeilenanfang 50
Neue Datenbank erstellen 115

Normalisierung 118
Notizen 194
Nummerierung 76

O

Objekte
  3D 175
  anordnen 177
  Beleuchtung 176
  beschriften 180
  Dateityp für Export 178
  drehen 175
  exportieren 177
  extrudieren 175
  Füllung 171
  gruppieren 177
  kopieren 181
  Lichtquelle 176
  markieren 177
  Rechteck 180
  verbinden 182
  verschieben 176, 182
ODF Textdokumentvorlage 102
OpenOffice
  Homepage 26
  installieren 14
  starten 21
  updaten 28
OpenOffice.org 21
Organigramm 179

P

Passage
  markieren 52
PDF 63
  erstellen mit Writer 63
Postanschrift 90
Präsentation
  Ablauf bestimmen 192
  auf dem Bildschirm 187
  automatische erstellen 196
  Inhalte bestimmen 186
  starten 191
  Umfang festlegen 189
  verschiedene Ansichten 193
  von der Stange 186
Präsentations-Assistent 186
Primärschlüssel 124

Q

Querformat 80

R

Randeinstellungen 84
Rechenleiste 208, 220
  Funktionsweise 210
Rechter Einzug 75
Rechtsbündig 73
Rechtschreibfehler 45
Rechtschreibprüfung
  ein-/ausschalten 47
Recordset 140
Redundanzen 118
Relatives Kopieren 227

S

Schließen 56
Schrift
  Lesbarkeit 99
Schriftart 70
Schriftgrad 70
Schriftgröße 71
Seite
  Ausrichtung 81
  Ränder 81
Seitenformatierung 80
Seitenränder 81
Seitenumbruch
  automatisch 44
  manueller 44

Seitenvorlage 80
Serienbriefe 144
   Adressblock 148
   als E-Mail verschicken 164
   Ausgangsdokument 145
   Dokumente personalisieren 161
   Dokumenttyp 147
   Dokument vorbereiten 157
   drucken 163
   Layout des Adressblocks 156
   persönliche Briefanrede 155
   Versand 161
Sonderzeichen 90
Spaltenbreite
   anpassen 214
Speichern 56
   als Dokumentvorlage 102
Standardfolie 199
Standard-Symbolleiste 35
Statusleiste 37
Steuerzeichen
   einschalten 40
Summe 225
   Begriff 226
Symbolleisten
   ein-/ausblenden 35

T
Tabelle 92, 116, 118
   Bedeutung 118
   (erneut) öffnen 130
   erstellen 93, 119
   Impress 200
   schließen 129
   Spalten 94
   Tabelleneigenschaften 94
   Umrandung entfernen 95

Tabellen-Assistent 120
Tabellenblatt
   Calc 208
Tabellendokument 208
   anlegen 222
Tabellenfolie 200
Tabellenkalkulation 208
Tabellenzeile
   auswählen 94
Tastenkombination
   Bedeutung 34
Text
   markieren 52
Textbegrenzungen 36
Texteingabe 40
Tippfehler 53
Titelleiste 33

U
Unterschriftenblock 99
Unterstreichen 68
Update 28

V
Verbinder 182
   formatieren 183
   Linienführung ändern 184
   positionieren 183
Vorhandene Felder 120
Vorlagen 100
   erstellen 101
   importieren 105
   katalogisieren 106
   öffnen 103
   verwalten 105

W

Wörter
　löschen 54
　markieren 52
Wörterbuch 47
Writer 10, 32, 68
　Navigation 38
　neues Dokument 64
　PDF erstellen 63

Z

Zahleneingabe und Format 215
Zahlenformat
　Dezimalstelle löschen 220
　Prozent 218
　Währung 215, 225
Zeichenblatt
　ausrichten 180
Zeichenfarbe 69
Zeichenformatierung 68
　Überblick 72
Zeichnungsobjekteigenschaften 89
Zeilenanfang 50
Zeilenende 50
Zeilenschaltung 43
Zeilenumbruch
　automatischer 41
　manuell 43
Zellen
　ausrichten 211
　automatisch ausfüllen 223
　Inhalte löschen 228
　Mehrfachmarkierung 225
Zentriert 73
Zoom 37